TEMPO É LUCRO

EDWARD J. FERN

TEMPO É LUCRO

TIME-TO-PROFIT

Gerenciamento de Projetos para o Desenvolvimento de Novos Produtos

Revisão Técnica
Peter Berndt de Souza Mello, PMP

EDITORA ALAÚDE

Autor: Edward J. Fern

TIME-TO-PROFIT, Inc.
Mission Viejo, California

Dados Internacionais de Catalogação na Publicação (CIP)
(Câmara Brasileira do Livro, SP, Brasil)

Fern, Edward J.
Tempo é lucro : TIME-TO-PROFIT : gerenciamento de projetos para o desenvolvimento de novos produtos / Edward J. Fern ; revisão técnica Peter Berndt de Souza Mello ; [tradução Mark-in Marketing Integrado Ltda]. – São Paulo : Alaúde Editorial, 2007.

Título original: TIME-TO-PROFIT : project management
Bibliografia
ISBN 978-85-98497-56-3

1. Administração de produto 2. Administração de projetos 3. Administração financeira 4. Lucro 5. Planejamento estratégico 6. Produtos novos - Administração I. Mello, Peter Berndt de Souza. II. Título.

07-0818 CDD-658.404

Índices para catálogo sistemático:
1. Time-to-Profit : Gerenciamento de projetos para novos produtos : Administração de empresas 658.404

Editor
Antonio Cestaro

Coordenação Editorial
Lucimara Leal

Tradução
Mark-in Marketing Integrado Ltda.

Revisão Técnica
Peter Berndt de Souza Mello

Revisão
Gabriela Mori e Lucimara Leal

Ilustrações e Gráficos
Time to Profit, Inc.

Capa e Editoração Eletrônica
Walter Cesar Godoy

Alaúde Editorial Ltda.
R. Hildebrando Thomaz de Carvalho, 60 - CEP 04012-120 - São Paulo - SP
Telefax: (11) 5572-9474 / 5579-6757
alaude@alaude.com.br www.alaude.com.br

Para Evelyn

*Cuja perseverança e otimismo
são minhas fontes de inspiração.*

SUMÁRIO

CAPÍTULO 5 - Disciplina em Gerenciamento de Projetos

CAPÍTULO 6 - Melhoria do Sistema de Desenvolvimento de Produtos

AGRADECIMENTOS

Muitas pessoas contribuíram com este trabalho por seu envolvimento pessoal em minha pesquisa. Estou particularmente em débito com Mike Assadi, Nick Babich, Lou Carrier, Ed Levy e com Dick Odom, da Divisão de Sistemas de Aeronaves da Northrop Grumman. Charles Rouse da Hoechst Marion Roussel, AG, também foi responsável por uma valiosa contribuição sobre a indústria de medicamentos de prescrição. Bill Postma, do Departamento de Pesquisa Avançada da BCM, apresentou uma noção clara sobre o ramo da informática.

John Bing, Richard Eastman, David Jacob, Vladimir Liberzon e James McCrory revisaram o primeiro projeto do manuscrito, apresentaram diversas correções e proporcionaram *insights* de contribuição substancial para o trabalho finalizado.

Lori Muñoz-Reiland da Divisão de Extensão da Universidade da Califórnia, em Irvine, leu o manuscrito e incentivou meu trabalho tanto como escritor e professor.

Os associados da divisão local do Condado de Orange do Instituto de Gerenciamento de Projetos e Quentin Fleming, pessoalmente, dedicaram-se com apoio e estímulo.

Duke Page apresentou-se com estímulo, preparações, referências e *insights*, do começo ao fim deste projeto, assim como nos projetos anteriores, sendo tanto um mentor quanto uma fonte de inspiração.

Minha esposa, Cindy, foi a editora inicial do projeto. Além de seu olhar perspicaz e de sua mente questionadora, ela ofereceu apoio, encorajamento e uma paciência complacente. O livro não teria sido possível sem sua generosidade e diligência no trabalho árduo.

Ao escrever este volume, vali-me de minhas experiências e de meus relacionamentos pessoais, profissionais e educacionais ao longo de mais de quarenta anos. Meus professores, colegas de salas de aula, empregadores e colaboradores contribuíram imensamente. Ao redigir estas palavras, lembrei-me afetuosamente de muitos episódios, assim como refleti sobre minha sorte de haver trabalhado com tantas pessoas interessantes.

Capítulo 1

O que significa TIME-TO-PROFIT?

O QUE SIGNIFICA TIME-TO-PROFIT?

TIME-TO-PROFIT Project Management trata de ganhar a corrida do desenvolvimento de novos produtos. O conceito popular de *time-to-market* trata de conquistar o lugar do primeiro a desenvolver, produzir e lançar um produto. O TIME-TO-PROFIT é algo ainda mais abrangente do que o *time-to-market*, pois começa antes mesmo de iniciado o processo de desenvolvimento do produto, através do gerenciamento das novas idéias de produtos que ainda não se tornaram projetos de desenvolvimento. O TIME-TO-PROFIT permanece ainda até depois do lançamento do produto e continua em ação até que um sucessor do produto permita que se completem as atividades de encerramento. TIME-TO-PROFIT é mais amplo do que *time-to-market*, pois inclui atividades que vêm associadas tradicionalmente com marketing, vendas e atendimento ao consumidor. Vencer a corrida de TIME-TO-PROFIT implica em aperfeiçoar todos os elementos previstos pelas leis do mercado. Significa dar um passo adiante para ultrapassar as expectativas do cliente.

O prazo de comercialização é um elemento importante na relação TIME-TO-PROFIT, sendo tão importante para os negócios quanto são as primeiras ofensivas de uma equipe pela posse de bola no jogo de futebol americano. A relação TIME-TO-PROFIT, porém, é como a diferença entre o *touchdown*[1]

1 Touchdown: Pontuação do futebol americano que vale seis pontos; é obtida quando se leva a bola após a linha de fundo do adversário. (N.T.)

e os *field goals*[2]. TIME-TO-PROFIT capacita uma empresa a construir relacionamentos com seus clientes que transcendam a compra ocasional de um produto. Os relacionamentos com os clientes fornecem uma fonte de renda permanente, dão retornos relevantes, assim como idéias adequadas para novos produtos. Enquanto relacionamentos são algo mais difícil de quantificar, os clientes representam a medida mais verdadeira de lucro para uma empresa. Apenas eles podem garantir uma performance financeira a longo prazo que, embora sem o definir, venha associada ao sucesso de uma empresa.

Lucro é o benefício total que uma empresa recebe de seus clientes em troca do valor daquilo que ela produz.

TIME-TO-PROFIT Project Management vale-se de informações advindas de seis regimes comerciais:

- Gerenciamento de Projeto
- Gerenciamento de Produto
- Estratégia Comercial
- Comportamento Operacional
- Gerenciamento Financeiro
- Tecnologia da Informação

Os gerenciamentos de projetos e de produtos foram criados como regimes dissociados e vêm funcionando em arenas separadas dentro das empresas. As interações ocasionais entre estas funções foram prejudicadas por falta de vocabulário comum, de perspectiva e de estrutura de referência. Este livro tem o propósito de servir como uma

2 Field Goals: Marcação de três pontos feita com uma jogada ofensiva comum, chutando ou deixando cair a bola sobre as traves da meta do adversário. (N.T.)

referência corrente a ser utilizada tanto por parte dos gerentes de produtos como pelos responsáveis por projetos. *TIME-TO-PROFIT Project Management* apresenta um paradigma, uma metodologia, além de um conjunto de regimes que servirão às perspectivas das duas partes. Devido ao fato de que esta nova abordagem ante o desenvolvimento de produto representa uma ruptura radical com os modelos tradicionais das organizações, o presente livro inclui diretrizes para a constituição de equipes organizacionalmente integradas para o desenvolvimento de produtos.

Qualquer novo produto é o resultado de uma combinação única de atividades que definem, desenvolvem, planejam, produzem, colocam no mercado, formalizam a entrega, além de nutrirem valor aos clientes. O produto e suas atividades de produção são de tal modo interligados, não podendo, portanto, ser separados uns dos outros. O produto é o conjunto de atividades, assim como essas o compõem.

Para o cliente, a impressão do novo produto tem sua medida feita pelo impacto total gerado por todas as atividades. Determinados aspectos podem causar um impacto mais favorável que outros. Alguns podem ser decididamente desagradáveis para os clientes, os quais são os realizadores de avaliações e aceitam ou rejeitam as trocas ocasionais ou contemporizações ante duas alternativas apresentadas, geralmente de igual valor (*trade-offs*), impostas pelos produtos concorrentes. As sentenças proferidas pelos clientes podem enriquecer uma empresa ou privá-la das receitas necessárias para sua continuidade no segmento industrial ou comercial. As opiniões são feitas com base no impacto total de todos os aspectos do produto.

Vencer a corrida da **relação TIME-TO-PROFIT** traduz-se pelo aperfeiçoamento de todas as atividades constituintes do novo produto.

Este livro apresenta o **Ten-P Paradigm**™[3] para desenvolvimento de produtos, um paradigma que assegura a atenção da gerência no que se refere a cada uma das **fontes de valor** comuns a todos os projetos para o desenvolvimento de produtos, e pode contribuir para o valor percebido pelos clientes.

O refinamento de todas as atividades envolvidas na criação e na produção de um novo produto demanda uma metodologia abrangente e tal exigência origina-se nos altos custos envolvidos no seu desenvolvimento, sendo, portanto, imperativa sua realização dentro de um prazo curto e conforme seu planejamento básico. A necessidade de que tal metodologia seja abrangente decorre da crescente complexidade dos produtos e pelo fato de que falhas no gerenciamento de projeto irão resultar em falha no produto.

> O desenvolvimento bem-sucedido de um produto é resultado de uma **metodologia exaustiva.**

A metodologia de desenvolvimento com meios voltados à obtenção de resultados, dividida em acessos, fases[4] e estágios, é bastante utilizada em desenvolvimento de produtos e no gerenciamento de uma seleção de elementos do trabalho, tais como documentação e testes, compilados durante um período de tempo e utilizados para avaliar desempenho ou progresso do desenvolvimento de produtos em todos os setores da empresa. A referida metodologia garante que os recursos da empresa sejam utilizados da forma mais eficiente possível para todos os novos projetos de desenvolvimento de produtos.

3 Ten-P Paradigm™ - Paradigma dos 10 Ps. (N.T.)

4 Em inglês – "phase" = uma parte distingüível em um processo, modo de ação, desenvolvimento ou ciclo. (N.T.)

Novos projetos de desenvolvimento de produtos são projetos em todos os sentidos da palavra, pois têm início e fim passíveis de serem definidos, possuem limitações financeiras e de cronograma, além de objetivos de desempenho. Cada projeto para desenvolvimento de produto é um empreendimento único. Por serem projetos, as tarefas para desenvolver os produtos podem ser realizadas com mais eficácia se contarem com o suporte das áreas-chave apropriadas do gerenciamento de projetos.

> O desenvolvimento bem-sucedido de um produto resulta da aplicação das **áreas-chave do gerenciamento de projeto.**[5]

As áreas-chave do gerenciamento de projeto e seus processos associados foram refinados no decorrer de milênios. Esta base de conhecimentos produziu um admirável histórico desde seus primórdios profissionais na produção de projetos com êxito. O gerenciamento de projeto para desenvolvimento de produtos é um empreendimento completamente tridimensional (Figura 1.1). O desenvolvimento do produto com a relação TIME-TO-PROFIT integra as áreas-chave do gerenciamento de projetos à metodologia de desenvolvimento, com meios voltados à obtenção de resultados através de uma divisão das atividades entre fases e estágios.

A aplicação destes em todas as fontes de valor do **Ten-P Paradigm**™ garante que os produtos sejam desenvolvidos de forma econômica em termos de benefícios tangíveis em relação ao dinheiro gasto, atinjam os mercados antes do tempo usual, ou antes das expectativas com relação a esse

5 Embora a aplicação do Ten-P seja possível com base nos vários modelos de gerenciamento de projeto, a divisão fundamental das áreas-chave do gerenciamento de projeto apresentadas no livro são com base nas nove áreas-chave, ou disciplinas, descritas no PMBOK Guide, ou Conjunto de Conhecimento em Gerenciamento de Projetos, publicado pelo Project Management Institute. (N.T.)

tempo, satisfaçam as expectativas dos clientes e atinjam a lucratividade rapidamente.

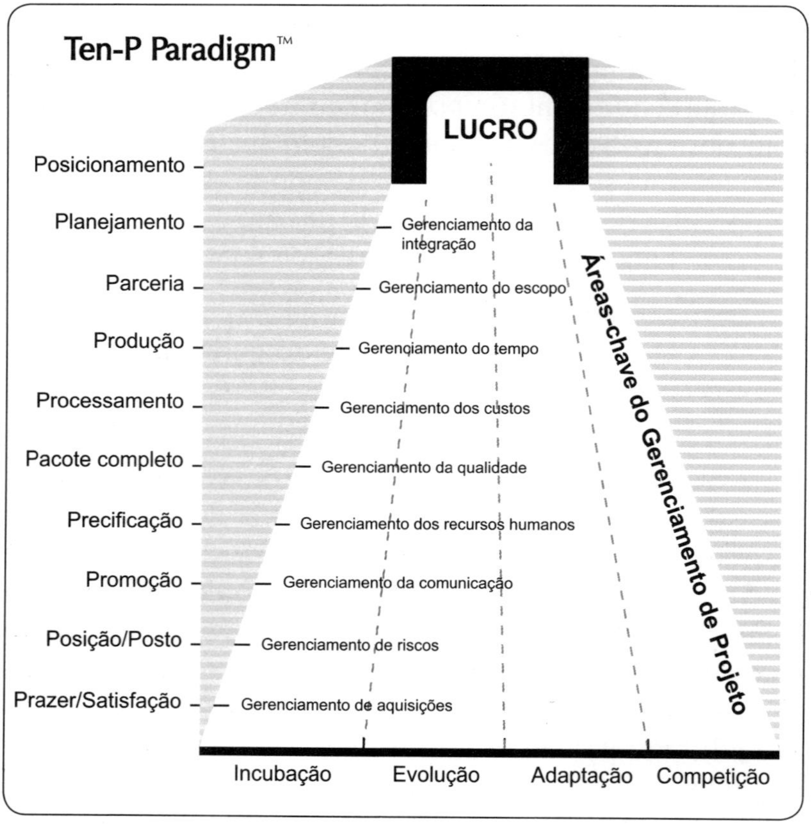

FIGURA 1.1. SISTEMA DA RELAÇÃO TIME-TO-PROFIT

O sistema de desenvolvimento de produto voltado para os ganhos integra um paradigma abrangente, uma metodologia e um conjunto de áreas-chave do gerenciamento de projeto conforme ilustrado na Figura 1.1. Limitado por estas dimensões, o projeto de desenvolvimento de produtos focaliza a produção de novos produtos que façam por merecer os lucros ao oferecerem um valor real aos clientes.

Os produtos dos dias de hoje, crescentemente mais complexos, resultam do trabalho conjunto de pessoas com habilidades diversas. As pessoas e as habilidades, o conhecimento e a energia que elas trazem para o trabalho a cada dia são os bens mais valiosos de uma empresa de desenvolvimento de produtos. Ao contrário de máquinas e construções que se desgastam com o uso, a aplicação dos recursos intelectuais é agregada a seu valor. Quanto mais eficientemente forem praticados, mais valiosos hão de se tornar.

Sem a criatividade das **pessoas**, projetos de desenvolvimento de produtos deixam de existir.

Este livro apresenta diretrizes para o estabelecimento de um ambiente de desenvolvimento onde tanto os indivíduos como as equipes possam contribuir para a lucratividade do produto.

A palavra produto, conforme empregada no livro, descreve os meios utilizados por uma empresa para entregar valor a seus clientes, quer a entrega de um objeto faça parte daquele valor ou não. Objetos transmitem valor por serem úteis. Uma empresa que oferece produtos tendo como base o objeto, propaga valor porque os objetos em si realizam um serviço para o consumidor. Em um mundo competitivo, a entrega de valor freqüentemente significa disponibilizar um conjunto de serviços de garantias extras como um adicional ao objeto. Haja ou não o envolvimento de um objeto, um produto tem seu valor determinado em conseqüência do serviço proporcionado ao consumidor.

Um **produto** é o conjunto de atividades de criação de valores desempenhadas por uma empresa para aquisição e retenção de clientes.

TIME-TO-PROFIT Project Management é um guia indispensável com fundamentos básicos. Não é um tratado abrangente a respeito de nenhum dos assuntos aqui abordados, destinando-se a expor tanto os gerentes de projetos de desenvolvimento de produtos quanto os gerentes de produto ao paradigma, à metodologia e aos modelos do desenvolvimento eficaz do produto. Este livro inclui aquelas ferramentas e técnicas que são especificamente bem adequadas aos projetos de desenvolvimento de produtos. São feitas referências às técnicas e às ferramentas de gerenciamento de projetos e de produtos consideradas como as melhores práticas de mercado.[6] No entanto, os leitores são encorajados a buscar obras de outros autores complementares a estas referências.

6 A referência às ferramentas que correspondem às melhores práticas significa a adoção de um conjunto de ferramentas apresentadas pelo Project Management Institute a partir do Guia PMBOK. (N.T.)

Capítulo 2

A importância da relação TIME-TO-PROFIT

A IMPORTÂNCIA DA RELAÇÃO TIME-TO-PROFIT

Este capítulo descreve as realidades do mercado subjacentes à necessidade de urgência em desenvolvimento de produtos. Ele detalha as recompensas substanciais disponíveis para os líderes de desenvolvimento de produtos. Nele, as relações entre o plano estratégico, as estratégias corporativas e as estratégias para o desenvolvimento de produtos são definidas. As restrições que forçam algumas empresas a sustentarem ciclos de desenvolvimento muito curtos são comparadas àquelas de outras empresas com períodos de ciclo mais longos. Ambientes de mercado para a introdução de novos produtos são descritos no presente livro. Os riscos do desenvolvimento de novos produtos são definidos em termos de como o novo produto será posicionado em seu respectivo mercado.

Os mercados globais empilham recompensas excessivas como se fossem cargas sobre os indivíduos vitoriosos nas corridas em direção ao equilíbrio na relação TIME-TO-PROFIT. Tais mercados impõem penalidades dolorosas por perder corridas de TIME-TO-PROFIT com igual paixão. Conforme o espaço em nosso planeta se torna menor, o que uma vez era um terreno seguro entre vencedores e perdedores está rapidamente desaparecendo. Está na hora da corrida! Senhoras e Senhores: dêem partida em seus motores.

O ritmo da mudança varia de um segmento de atividade para outro, mas a necessidade de urgência atravessa todos os setores e todos os competidores dentro de um setor de atividade! Os fabricantes de unidade de disco para PCs devem produzir uma nova geração de unidades de modo crescentemente mais compactos a cada poucos meses. As empresas Boeing e a Airbus lançam uma nova linha de aeronaves duas vezes a cada década. Quando a Conner Peripherals fracassou não mantendo o mesmo passo na corrida e não se equiparando a seus concorrentes, deixou de ser uma provedora viável de unidades para discos rígidos. Quando McDonnell Douglas fracassou não mantendo o mesmo passo na corrida e não se equiparando a seus concorrentes, deixou de ter potencial para ser uma provedora de aviões para o transporte de passageiros. Atualmente, o Sul da Califórnia e St. Louis estão abarrotados de cartões comerciais da Boeing e links em http://www.conner.com/ para a home page da Seagate. Historicamente, somente monopólios regulados desfrutavam imunidade no que se refere à necessidade de criar novos produtos e serviços. Neste exato momento, até mesmo aquela carruagem está transformando-se em uma abóbora. A festa acabou.[7]

7 Referência do autor à história de Cinderela, um conto de fadas popular que incorpora um elemento mítico dos contos folclóricos de opressão injusta e triunfante recompensa, das quais existem inúmeras versões desde os tempos antigos. Com a ajuda de sua fada madrinha, Cinderela consegue driblar as personagens malévolas (diferenciadas em cada versão do conto) e brilha em uma noite, dançando e sendo admirada e amada pelo príncipe (almejado por todas as outras mulheres solteiras da cidade também). Mas sua carruagem havia sido transformada a partir de uma abóbora pela fada madrinha e, ao soar das doze baladas dos sinos, Cinderela já deveria ter partido do local do baile, pois a carruagem seria novamente uma abóbora, e sua vida real estaria lá fora, feia e triste, para confrontá-la. Na última frase do parágrafo em referência, o autor diz: "A festa acabou" - e isso é como dizer... o sonho também. Agora, a realidade o espera. (N.T.)

No período de cinco anos entre 1991 e 1996, o tempo médio decorrido com relação ao desenvolvimento de um produto nos Estados Unidos foi reduzido em 14% para produtos que rompiam com o tradicionalismo, 17% com relação às novas linhas de produtos, 18% para revisões de produtos de nível mais elevado ou complexo e 20% para revisões menores ou não tão complexas de produtos.[8] A barreira competitiva está sendo aumentada em três a quatro por cento ao ano. As empresas que saborearam o sucesso no passado devem dar continuidade ao aperfeiçoamento de seu desempenho ou serão engolidas. O desenvolvimento acelerado do produto já deixou de ser um meio para o estabelecimento de vantagem competitiva, sendo nos dias de hoje um requisito categórico para a sobrevivência.

Sucesso e lucro são resultados diretos da velocidade. Apenas a urgência, porém, é insuficiente. Para que as ações sejam eficazes, devem ser completas, coordenadas e seus custos devem ser suportados sem grandes dificuldades. O novo papel do gerente de desenvolvimento de projeto deve garantir essa busca completa, coordenada, sem custos exagerados e diligente de todos os elementos exigidos para que se traga uma nova oferta ao mercado. Neste novo papel, o gerente de projeto precisa estar envolvido nas atividades mercadológicas e de design do produto, as quais, tradicionalmente precederam um envolvimento do gerente do projeto. Além disso, o gerente de projetos deve estar envolvido na produção, na remessa e no atendimento ao cliente, as quais, por tradição, são atividades pós-desenvolvimento. O gerente de projetos deve estar envolvido em todas estas atividades. A pressa dos dias de hoje requer um desenvolvimento coordenado de todos os aspectos de um novo produto. A organização que desejar ser a campeã na

8 USA Today, 24 de fevereiro de 1997.

corrida TIME-TO-PROFIT deve organizar concorrentemente todas estas ações e atividades.

Para citar um exemplo específico, fui usuário de um serviço de modem a cabo para acesso à Internet durante quase dois anos. O serviço é oferecido pela Cox Communications, Inc., meu provedor de TV a cabo, e por seu empreendimento conjunto com a Provedora de Serviços de Internet (ISP), a @Home™. Minha experiência com este produto começou com a encomenda e com os procedimentos de instalação. Rapidamente, adquiri experiência em termos de atendimento ao cliente nível 1, oferecido pela Cox, e nível 2, oferecido pela @Home. Além disso, atingi uma experiência significativa no que diz respeito ao faturamento e com um programa que desenvolveram para mim em forma de gratificação por indicar o serviço para meus vizinhos.

O acesso à Internet a velocidades de modem a cabo é fascinante. Logo após contratar o serviço, meu filho mais novo, que na época tinha catorze anos, fez o download de um arquivo de 11 MB em menos de um minuto. Parecia um pouco confuso quando me perguntou: "Papai, por que as pessoas comprimem arquivos?" Ele estava brincando, mas tinha plena ciência de que chegaria o dia em que o acesso à Internet de alta velocidade estaria tão onipresente, que a compressão de arquivos estaria reservada para arquivos gráficos e de vídeo.

Fascinante é o serviço de alta velocidade quando este funciona; minha impressão da Cox@Home é colorida pelas minhas experiências com outros procedimentos com os quais me tornei muito familiarizado. Quando há problemas na rede que provê o serviço, tratar com o departamento de atendimento ao cliente pode consumir muito tempo e ser frustrante. Na conta da minha TV a cabo, vem a cobrança pelos serviços de acesso à Internet e pode ser difícil separar os encargos financeiros do modem a cabo, o que, para mim, é uma despesa comercial, dos custos pelos serviços da televisão.

No momento, a única concorrente do serviço de modem a cabo custa mais do que o dobro. Quando isso mudar, minha lealdade para com a Cox@Home ficará em cheque. A parceria da Cox e da @Home deverá aprender rapidamente que para ganharem a corrida da relação TIME-TO-PROFIT, eles deverão aperfeiçoar todas as atividades que constituem o novo produto.

A arte e a ciência do gerenciamento de projeto ficaram tradicionalmente confinadas a umas poucas atividades de desenvolvimento de produtos. Neste modelo tradicional, a substância viscosa do tubo de creme dental é o produto e os gerentes de projetos têm se preocupado em desenvolver um produto melhor. Mais recentemente, foi pedido que os gerentes de projetos estendessem os seus campos de ação para incluir aspectos do processo de fabricação. Ao projetar produtos em colaboração com os projetistas industriais responsáveis pelo projeto de fabricação, os gerentes de projetos foram capazes de melhorar a qualidade e reduzir a relação TIME-TO-PROFIT. O creme dental que desliza facilmente para dentro do tubo não é mais a preocupação exclusiva do engenheiro do processo de fabricação. Este fato, além do próprio design da embalagem em si tornaram-se questões do design do produto.

Ampliar a contribuição que o gerenciamento de projeto pode dar ao desenvolvimento do produto não somente tornará o esforço de desenvolvimento mais econômico, mas poderá abrir portas para as recompensas abundantes que os mercados podem conceder.

As Recompensas do Rápido Desenvolvimento do Produto

Trazer continuamente novos produtos para o mercado, cada vez com maior rapidez, é o fator mais importante para o sustento do sucesso do empreendimento. A principal força motriz da concentração sobre a relação TIME-TO-PROFIT é a tendência em relação a ciclos mais curtos de vida útil do produto[9] que reduzam o período em que uma empresa pode razoavelmente esperar pela recuperação de seus investimentos em desenvolvimento.

Um histórico dos indivíduos e da empresa com relação ao rápido desenvolvimento do produto pode trazer muitos benefícios a uma organização:

- participação no mercado;
- margem de lucro;
- acesso ao capital;
- fornecedores cooperativos;
- equipes entusiásticas; e
- canais de comercialização cooperativos.

Todos estes benefícios agregam-se a rentabilidade do negócio. O vencedor da corrida na colocação do produto no mercado normalmente vence a corrida de sua rentabilidade também.

Em novembro de 1991, a Marion, Merrell, Dow (MMD, e agora denominada Hoechst Marion Roussel, Inc.) e sua parceira Alza receberam aprovação da FDA – Administração de Alimentos e Medicamentos dos Estados Unidos – para apresentar o Nicoderm® como um medicamento de prescrição. A Ciba-Geigy interpôs uma petição por violação de patente e garantiu uma medida cautelar (temporária) que impediu a MMD de comercializar o Nicoderm. A medida cautelar foi revogada em dezembro, somente duas semanas antes de a Ciba-Geigy receber aprovação para um produto concorrente, o Habitrol®. Lederle Laboratories, da American Cyanimid americana conseguiu a aprovação para o ProStep® em janeiro de 1992.

O Nicoderm, Habitrol, ProStep, e o Nicotrol® da Warner Lambert, lançados em maio de 1992, são sistemas de

9 Von Braun, Christoph-Friedrich, 1990, "The Acceleration Trap," *Sloan Management Review*, 32, 1: 49-58.

adesivos de nicotina designados a ajudar os fumantes a pararem de fumar. Os médicos, ansiosos por ajudarem seus pacientes a porem fim a este vício mortal, estudaram muito rapidamente a literatura (disponível sobre o sistema) e começaram a prescrever o Nicoderm. Apesar de os concorrentes terem aparecido muito rapidamente, os médicos já haviam estabelecido como hábito a prescrição de Nicoderm. Em decorrência disto, o Nicoderm abocanhou logo de cara a liderança no mercado que representava cerca de US$ 740 milhões em 1992. Com o Nicoderm, e com muitos outros produtos, a participação de mercado foi resultado de "mind share"[10]. Neste caso, porque preocuparam-se em estudar o primeiro produto do mercado, mas não os subseqüentes, estavam intelectualmente predispostos a prescreverem o Nicoderm, colocando-o em posição de vantagem perante seus concorrentes. Em março de 1992, foi reportado que o Nicoderm[11] detinha controle sobre cerca de metade do mercado.

Quando estes produtos foram lançados, havia cerca de 50 milhões de fumantes nos Estados Unidos. Não obstante, o tamanho do mercado dependeria de dois fatores adicionais. Primeiramente, para que fossem clientes em potencial, os fumantes precisavam ter um desejo forte de parar de fumar. Em segundo lugar, os produtos teriam que sobreviver a qualquer publicidade negativa que pudesse ser associada aos efeitos colaterais, notavelmente os distúrbios de sono, além de irritação das condições cardíacas pré-existentes. Conseqüentemente, a MMD utilizou o que acabou se revelando

10 "Mind share" é o percentual de participação de uma marca na mente do consumidor. Kleenex, por exemplo, pode distinguir-se como um tipo de lenço de papel. No entanto, devido ao fato de ter "ganho" as mentes dos consumidores, a marca é com freqüência utilizada como um termo para identificar qualquer lenço de papel, até mesmo se este for de uma marca oposta. O mesmo ocorre com casos como o da Maizena (muitas pessoas até mesmo "esquecem" que esta é uma das marcas disponíveis de amido de milho). (N.T.)

11 Goerne, Carrie, *Marketing News*, 30 de Março de 1992 26, 7: 8.

uma abordagem conservadora para formar capacidade de produção e estoque.

Ao mesmo tempo, os novos concorrentes ofereciam serviços adicionais juntamente com seus adesivos. O Habitrol incluiu um programa de apoio comportamental auto-administrado e uma fita de áudio da American Lung Association (Associação Americana do Pulmão). O ProStep disponibilizou literatura sobre como parar de fumar, além de serviços de aconselhamento, disponíveis via um número 0800. Todos os três concorrentes deram início a uma campanha de propaganda sem precedentes e controversa, comercializando uma droga sob prescrição para os consumidores. O comercial do Nicoderm, noticiado durante o torneio de futebol americano Super Bowl XXVI, marcou a primeira vez em que uma droga sob prescrição foi anunciada durante um Super Bowl. O mercado cresceu mais rapidamente do que a MMD havia previsto e a falta do produto acabou sendo um resultado que tiveram de encarar. Os rendimentos totais do primeiro trimestre[12] e de 1992[13] foram estimados como segue:

		1° Trimestre	**Total 1992**
Ciba-Geigy	Habitrol	US$ 75 milhões	US$ 400 milhões
Marion Merrell Dow	Nicoderm	US$ 55 milhões	US$ 220 milhões
American Cyanimid	ProStep	US$ 10 milhões	US$ 50 milhões
Warner-Lambert	Nicotrol	*	US$ 70 milhões
	TOTAL	**US$ 140 milhões**	**$ 740 milhões**

*O Nicotrol obteve a aprovação da FDA em maio de 1992.

A MMD perdeu a liderança na participação de mercado porque não estava preparada para distribuir o produto. Uma vez que um produto é introduzido, a distribuição

12 Mitka, Mike, *American Medical News*, 13 de abril de 1992, 35, 14: 23.

13 Cintron, Ivan, 1992, *Chemical and Marketing Reporter*, 29 de março, V243, N13, P9.

dele deve ter precedência sobre todo o resto.[14] Tornar o produto disponível para os clientes é o caminho para se obter participação no mercado. A falta, por parte da MMD, de um esforço totalmente coordenado de desenvolvimento de produto, fez com que esta perdesse a sua liderança que fora rapidamente adquirida pelo rápido desenvolvimento do produto.

Participação no Mercado

Agarrar-se à liderança na corrida pela participação no mercado é importante por muitas razões. Apesar de todos os anúncios na imprensa, de rádio e TV, a propaganda de "boca-a-boca" é o meio mais eficaz de ganhar o próximo consumidor.

Se um produto está conquistando a participação de mercado e seu fabricante está fazendo todo o restante que torna o cliente satisfeito, ele terá a maior força de vendas não-paga trabalhando para eles. Se uma empresa é a líder no mercado, neste caso, todos os investimentos em um novo produto podem ser recuperados com muito mais rapidez do que aqueles de seus concorrentes. A empresa que aperfeiçoa todas as atividades que compõem o produto poderá chegar mais próximo de obter lucros mais rapidamente do que seus concorrentes.

Ser o primeiro em um novo mercado com um novo produto significa garantir para a organização 100% de participação neste mercado, até que um concorrente apresente um produto similar.

Muitas organizações conseguiram deter participações no mercado extraordinariamente altas, até mesmo quando um segundo lançamento oferece mais recursos a um preço

14 Moore, Geoffrey A., 1995, *Inside the Tornado: Marketing Strategies from Silicon Valley's Cutting Edge*, Harper Business, New York.

inferior ou, de outra forma, um plano de marketing superior. Não existe plano de mercadologia melhor do que ser o primeiro; todavia, como é demonstrado pelo exemplo do Nicoderm, ser vitorioso na corrida da relação entre tempo e lucro é traduzido no aperfeiçoamento de todas as tarefas, forças e energias que formam o novo produto. Fazer com que o produto saia pelas portas não é o suficiente.

Margem de Lucro

A capacidade de programar uma estratégia de precificação enxuta pode ser mais bem explorada pelo primeiro lançamento em um mercado. Oferecer o novo produto ao mais alto preço que poucas pessoas pagarão otimiza a renda advinda desta pequena parcela do mercado. Ao reduzir o preço gradativamente com o passar do tempo, cada segmento do mercado terá a oportunidade de pagar o preço mais alto a que estiver disposto. Os mercados de alta tecnologia são ricos em exemplos desta estratégia de mercado. A Intel, por exemplo, vem introduzindo regularmente novos processadores a preços muito altos e, depois, partia para a redução dos preços em toda a sua linha quatro vezes a cada ano, conforme as concorrentes a alcançavam.

Se um comprador quer o processador Intel mais rápido e mais potente, terá de pagar um preço mais alto por este produto de melhor qualidade. Se decidir esperar cerca de dois anos, poderá comprar o mesmo processador por uma pequena parte de seu preço original, embora ele esteja defasado em relação a novos processadores disponíveis no momento.

Mesmo sem a vantagem da liderança tecnológica, o primeiro a entrar no mercado com um produto porta uma aura de superioridade que permite ao seu criador buscar um preço mais elevado que faça jus a um produto de melhor qualidade. No mercado atual de roteadores de IP, abarrotado de produtos, aqueles da Cisco ainda apresentam um alto preço devido à qualidade dos produtos, o que é verdade, em parte, porque a empresa continuou a investir pesadamente em qualificações refinadas, acumulou o maior séqüito de técnicos treinados e construiu a mais elaborada rede de serviços. Isso é também fato, porque a Cisco é o nome "de referência" em termos de em roteadores de IP.

Acesso ao Capital

Se uma nova oferta por acaso encontrar um mercado fervilhando (ávido e à espera de novidades), a organização pode ficar cara a cara com a necessidade de desenvolver e estabelecer capacidade de produção, inventário e contas a receber, tudo isso ao mesmo tempo, o que requer dinheiro e, possivelmente, muito dinheiro. Quer a organização levante dinheiro no mercado de risco, via empréstimos bancários, ofertas de ações ou títulos de dívidas corporativos, fará um melhor negócio se ocupar a posição de líder e de dominante no mercado, o que é merecido ao primeiro do mercado. O segundo e o terceiro lançamentos em mercados mais lentos podem não ser capazes de fazer com que se angarie a quantia necessária de modo algum e, assim, conseqüentemente sairá da competição ou deterá apenas uma pequena participação no mercado.

A consolidação entre os concorrentes é, freqüentemente, determinada pelo acesso ao capital. A McAfee, o nome que é sinônimo de proteção antivírus para computadores pessoais (PCs), alavancou sua entrada inicial no mercado de antivírus, assim como o acesso ao capital proporcionado por esta alavancagem a um papel dominante na Network Associates, Inc. A NAI (Network Associates, Inc.) é o resultado da fusão de quatro empresas que oferecem segurança de rede, gerenciamento de rede e produtos de software do segmento especializado da empresa, assim como proteção de antivírus da McAfee no mercado de redes em crescimento rápido da empresa.

A capacidade que tem uma empresa para acompanhar um sucesso inicial de desenvolvimento de um produto com repetições futuras dependerá de sua habilidade em levantar fundos para aqueles novos esforços de desenvolvimento. Certamente, o sucesso fomentará uma atitude mais ávida dentre os concessores de empréstimos, mas o acesso mais fácil ao capital será feito pelos fluxos de caixa internos gerados pelos sucessos anteriores, já que o capital gerado internamente é o melhor dinheiro que existe.

Fornecedores Cooperativos

Um novo produto pode exigir peças ou outros insumos de um fornecedor. Se o mercado for quente, estes insumos podem ser providos dentro de um prazo curto, pelo menos temporariamente. Os fornecedores podem ser forçados a racionar sua produção ou tomar outras medidas para regularizar a demanda. As medidas menos severas serão impostas sobre os concorrentes que tiverem a melhor oportunidade de se tornarem consumidores de alto volume a longo prazo. Os fornecedores tomarão essas decisões da mesma forma como os banqueiros as fazem. As organizações que têm posição dominante ou de liderança no mercado receberão tratamento preferencial. Os fornecedores desejam construir relacionamentos positivos que têm as melhores chances de virem a se tornar consumidores maiores a longo prazo. Se os clientes menores com piores perspectivas a longo prazo tiverem de sofrer, eles viverão com as conseqüências.

Certamente a Alza Corporation considerou o registro do histórico de sucesso de Marion Merrell Dow desde seus primórdios profissionais em sua decisão de fazer parceria com a MMD devido ao Nicoderm. Sem a perícia da Alza na tecnologia de produção de drogas transdérmicas, a MMD não conseguiria ter lançado o Nicoderm à frente de todos seus concorrentes e talvez não pudesse ter lançado produto algum.

Equipes Entusiásticas

A maioria de nós aprende rapidamente que ganhar é melhor do que perder. Vencer a corrida da relação TIME-TO-PROFIT pode ter um profundo impacto sobre o quadro de funcionários de uma empresa. Os membros da equipe que tiveram participação na vitória, sejam eles engenheiros, vendedores ou pessoal de apoio, levarão sua auto-estima a seu próximo projeto. Assim como uma equipe esportiva, cujas vitórias passadas geram a confiança para vencer no jogo seguinte, uma organização construída com base no desenvolvimento rápido de um produto de forma bem-sucedida evitará disputas territoriais, desânimos e a síndrome destrutiva "CYA"[15].

Uma equipe responsável pelo ciclo de vida de um produto em uma empresa é a peça fundamental para o sucesso do lançamento de um produto. É a dedicação, o sacrifício e a genialidade dos membros desta equipe que tornam o sucesso possível.

Um gerente de projetos eficiente não deixará de comunicar os resultados às pessoas que executam o trabalho real, não importa o tamanho da participação de cada um. Lembre-se de que é tarefa do gerente do projeto encontrar, treinar e manter os verdadeiros heróis[16] da empresa, os contribuintes individuais que fazem tudo isso acontecer.

---

15 CYA = Change Your Attitude = Mude sua atitude. (N.T.)

16 Fromm, Bill and Len Schlesinger, 1993, The Real Heroes of Business, Currency Doubleday, New York.

Canais de Comercialização Cooperativos

Talvez em nenhum outro lugar a importância e o poder dos canais de comercialização sejam mais óbvios do que na área dos supermercados, armazéns e mercearias. Desenvolvedores de novos produtos que esperam atingir os consumidores por meio dos supermercados devem investir pesadamente em garantir "centímetros na prateleira" onde seu novo produto pode ser exibido e vendido. Os anúncios, as promoções, os cupons e todas as outras estratégias de marketing devem ser planejadas primeiramente para convencer o comerciante de que o novo produto terá rotatividade freqüente e suficiente para justificar o uso do espaço na prateleira. Com relação a produtos de movimentação mais lenta, o dono do supermercado exigirá uma margem maior, seja por meio de um grande desconto do fornecedor ou um preço mais alto para o consumidor.

O supermercado irá calcular seu lucro mensal por centímetro do espaço de sua prateleira e por isso sabe quais produtos estão fazendo com que sua média abaixe ou aumente e será rápido na realocação de espaços para os produtos cuja venda é mais lenta.

Seja qual for o novo produto e o canal utilizado para sua distribuição aos usuários finais, ele deve competir por "centímetros de prateleira" e outros recursos limitados controlados por canais de comercialização. Mesmo um produto vendido para usuários finais exclusivamente por uma força interna de vendas deve competir pelo tempo, pela atenção e pelo esforço do pessoal de vendas, os quais possuem uma base comercial estabelecida para o atendimento. Claramente, o gerente de projetos cujos sucessos anteriores já estão colocando maiores rendimentos em cheques de comissões mensais comandará mais atenção para um novo programa de treinamento de vendas. O sucesso é fonte de sucesso.

Estratégia de Desenvolvimento de Produto

Quando Gary Hamel e C. K. Prahalad publicaram "Strategic Intent,"[17] eles atacaram o pensamento comercial convencional estratégico do Ocidente. Por intermédio da obra de terceiros e em sua própria obra posterior, *Competing for the future,*[18] o objetivo estratégico tornou-se o alicerce, a pedra angular das estratégias de crescimento. A intenção estratégica sugere que as chaves para o sucesso comercial seja o desenvolvimento de um ponto de vista independente a respeito de todas as oportunidades do porvir e, então, a formação e o estabelecimento de capacidades que explorem as referidas oportunidades. Estes pontos de vista estão alinhados com as intenções estratégicas para o alcance da excelência tecnológica, da excelência operacional ou reconhecimento do cliente.

Organizações que ganham as corridas da relação TIME-TO-PROFIT experimentam seus benefícios de formas diferentes, dependendo de com quais intenções estratégicas estão alinhadas suas próprias estratégias. Para alguns, o rápido desenvolvimento da melhoria da ordem de grandeza ou dos produtos inconstantes de paradigmas lhes confere o manto da liderança tecnológica. Para outros, a resposta rápida à demanda expressa pelo consumidor permite a criação das parcerias consumidor-fornecedor. Outros, ainda, podem desenvolver produtos mais econômicos ou que possuam qualidade superior àqueles dos concorrentes existentes, conferindo liderança operacional no que se refere a seus produtores.

---

17 Hamel, Gary and C. K. Prahalad, 1989, "Strategic Intent", *Harvard Business Review*, Março, V67, N3, 63-76.

18 Hamel, Gary and C. K. Prahalad, 1994, *Competing for the future*, Harvard Business School Press, Boston.

A liderança tecnológica traz consigo a oportunidade para o estabelecimento das regras de concorrência em um novo mercado. Uma empresa que se torna líder detém a tarefa substancial de criar um mercado para um produto inovador. Porém, a escolha do líder a respeito da função, característica, embalagem, preços, promoção e distribuição tornar-se-á o padrão em comparação com o qual todo concorrente posterior será medido.

A Iomega, por exemplo, lançou a sua unidade de disco removível de 100 megabytes muito antes de ser lançada a unidade LS-120 da Mitsubishi. O sistema da Mitsubishi oferece maior capacidade de armazenamento e tem a capacidade de ler e escrever em disquetes de 1,4 megabytes, criado para substituí-lo. Apesar da superioridade tecnológica, a Mitsubishi desfruta somente de uma fração de participação no mercado de que a Iomega usufrui, inicialmente porque as unidades da Iomega estão atualmente sendo projetadas em PCs OEM. Ser o primeiro significa ter a oportunidade de ser o primeiro a obter vantagens.

É bem provável que alcançar e manter a liderança tecnológica requeira investimentos substanciais em pesquisa básica. Os investimentos em um processo rápido de desenvolvimento de produto serão alavancados por estarem harmonizados com os esforços de pesquisas e direcionados pelos resultados destes esforços. A liderança tecnológica também implica sulcar, arar um novo solo no mercado, ou seja, abrir espaço. A liderança tecnológica é tanto um alto risco como uma grande intenção estratégica de recompensa.

A liderança tecnológica também implica uma nova abertura do mercado. Para o líder responsivo, satisfazer rapidamente a demanda do cliente significa ter a oportunidade de construir confiança. Uma vez que uma empresa esteja identificada na mente do cliente como sendo responsiva a suas necessidades, aumentará a tendência a voltar àquela fonte para atender a novas necessidades. Os líderes responsivos bem-sucedidos são, freqüentemente convidados a mergulhar de cabeça nas atividades principais do cliente, onde novas oportunidades são criadas e definidas. Uma vez lá, eles têm uma vantagem competitiva esmagadora. A criação da consciência do cliente e aceitação do cliente de uma nova solução normalmente consome tempo e é cara. A partir desta posição, uma organização pode gerenciar as exigências para se adequar aos seus próprios elementos diferenciadores técnicos e de custo. A intimidade com o cliente desta forma pode, com freqüência, exigir o sacrifício da margem em nome do desenvolvimento ou do fortalecimento de relacionamentos que proporcionarão retorno durante um período prolongado de tempo. A consciência e aceitação do consumidor são construídas na atividade de venda que geralmente ocorre antes que as despesas do desenvolvimento ocorram. Os custos para ajudar os consumidores a identificarem as exigências e responderem muito rapidamente podem ser altos. Em geral, a intimidade com o consumidor é um risco moderado , uma estratégia de recompensa moderada.

Encontrar e produzir uma solução de qualidade superior ou mais barata para mercados estabelecidos permitem a uma empresa o luxo de investir apenas em mercados comprovados. Mesmo neste caso, a necessidade por um rápido desenvolvimento é grande devido aos riscos de que outros possam estar em busca da mesma otimização ou do mesmo recurso adicional, que melhora a saída ou o desempenho de um equipamento, ou de que o mercado possa ficar saturado ou obsoleto antes que os custos com o desenvolvimento possam ser recuperados. A necessidade de proporcionar um benefício em termos de preço sempre exercerá pressão de margem em organizações que concorrem pela excelência operacional. Infelizmente, não existe estratégia de baixo risco, embora certamente exista uma abundância de estratégias de baixas recompensas.

As empresas podem refletir sobre sua intenção estratégica via design e administração de sua atividade de desenvolvimento de novo produto. Se a intenção estratégica for a excelência tecnológica, a atividade de desenvolvimento dever ser orientada em função da tecnologia. As tomadas de decisão terão foco e atenção maiores na capacidade de produzir recursos e funções, e um pouco menos de atenção nos requisitos de clientes específicos. Embora os custos da produção sejam uma consideração importante, o custo será menos importante que a capacidade do produto de ultrapassar as expectativas dos consumidores em potencial.

Se a intenção estratégica, conforme é ilustrado na Figura 2.1, for a familiaridade com o consumidor, então a primária roda motriz da atividade de desenvolvimento será alcançar a compreensão dos requisitos e do ambiente do consumidor. O design que atender a todos os requisitos e integrar-se de forma tranqüila no ambiente do consumidor obterá precedência sobre as características e as funções não-essenciais. O ambiente do consumidor, em oposição a qualquer padrão absoluto, definirá os custos e a qualidade.

	REQUISITOS DO CLIENTE	*CUSTO E QUALIDADE*	*CARACTERÍSTICAS E FUNÇÕES*
Excelência tecnológica	Menores	Menores	As mais altas
Excelência operacional	Menores	Menores	Mais baixas
Intimidade com o cliente	Os mais altos	Menores	Mais baixas

FIGURA 2.1 INTENÇÃO ESTRATÉGICA

De forma similar, se a intenção estratégica é a excelência operacional, então superar os custos dos produtos concorrentes será tomado como prioridade. Porque os produtos que desviam do padrão contribuem para o custo total de propriedade dos consumidores, a consistência de produção será um importante critério do design.

Definindo a Urgência no Empreendimento

Charles Fine observou que os biólogos estavam usando moscas de frutas, as quais vivem cerca de duas semanas, para estudar o impacto das forças externas sobre as populações por diversas gerações. Os biólogos inferiram, então, que impactos similares podem ocorrer em populações com ciclos de vida mais longos, como os homens. Usando a mesma lógica, Fine sugere[19] que é razoável usar os negócios com produtos com ciclos de vida relativamente curtos para predizer o que acontecerá com empresas que desfrutam de produtos com ciclos de vida mais longos. As ilustrações da Conner Peripherals e de McDonnell Douglas parecem confirmar a hipótese de Fine. Devido ao fato de que estas duas empresas muito dissimilares não mantiveram o mesmo ritmo que seus concorrentes, ambas tiveram destinos similares, embora durante períodos diferentes de tempo. A partir daquela observação, então, basta apenas um passo à frente para se chegar à conclusão de que nenhuma empresa está imune às penas do fracasso em não ser capaz de acompanhar os concorrentes. Algumas empresas podem desfrutar de um ritmo mais lento, mas toda empresa deve seguir adiante. As dúvidas que permanecem são todas em relação a quão rapidamente uma empresa deve progredir e não sobre se deve ou não progredir.

19 Fine, Charles, H., 1998, *Clockspeed: Winning Industry Control in the Age of Temporary Advantage*, Perseus Books, Reading, Massachusetts.

O ritmo de mudanças em qualquer tipo de negócios será determinado por três fatores: a complexidade tecnológica, a dinâmica da cadeia de valores e a adoção da oportunidade de inovação.

A complexidade tecnológica e a duração do ciclo de vida útil do produto têm probabilidade de serem proporcionais uma à outra. Quanto mais complexo for um produto estabelecido, mais tempo uma organização ou um concorrente levará para torná-lo obsoleto. Evidentemente, um novo avião para transporte de passageiros é um produto muito mais complexo do que uma nova unidade de disco.

No entanto, a complexidade envolve muito além de componentes e relacionamentos em um produto. Um simples produto que participa de múltiplos aspectos de uma cadeia de valores complexos pode apropriar-se das características de complexidade da cadeia de valores e desfrutar de um ciclo de vida útil bem maior do que sua simplicidade poderia garantir de outra forma. O teclado QWERTY[20], por exemplo, é um conceito de produto relativamente simples que sobreviveu ao seu propósito porque está integrado em aspectos múltiplos da cadeia de valores de processamento de informações. As crianças aprendem a digitar no teclado QWERTY na escola primária e existem milhões de teclados em uso. Simplesmente não faz a mínima diferença se o projeto mais moderno do DVORAK estiver disponível.

As *cadeias de valores* são as vias pelas quais o valor é agregado, por todo o caminho, desde as matérias-primas até os usuários finais ou consumidores de um produto. Todo tipo de negócios existentes no contexto de uma cadeia de valores. Em geral, quanto mais próxima uma empresa está do usuário final ou da extremidade do consumidor, mais curtos serão os tempos de ciclos de produtos. A Applied

20 Etimologia: a partir das seis letras na segunda fileira do teclado: um teclado padrão. (N.T.)

Materials, fornecedora de equipamentos de fabricação de circuitos integrados, provavelmente terá ciclos de vida de produto mais longos que aqueles da Intel, os quais, por sua vez, serão mais longos que os da Dell. Os períodos de tempo do ciclo dos produtos tendem a ser mais curtos ao se aproximarem da extremidade da cadeia de valores do usuário final porque, em parte, os produtos oferecidos a este integram uma diversidade de componentes. Nesta integração, os produtos acabados incorporam a vulnerabilidade para a obsolescência de cada componente. Assim, se qualquer dos componentes se tornar obsoleto, o produto que o integra também se tornará obsoleto.

Os produtos podem se tornar obsoletos no transcorrer de uma longa série de mudanças no ambiente que resultam na adoção ao acaso de um novo paradigma, substituindo a necessidade por um produto. A série pode ter um pequeno, ou nenhum, impacto sobre o produto até que todas as mudanças estejam em vigor. Por exemplo, os rendimentos dos Correios continuam a subir, mas o percentual de tais rendimentos derivados de cartas de primeira classe com preço de tarifa integral continuam a realizar uma queda de longo prazo, que se tornou ainda mais abrupta nos últimos anos. A ampla adoção da Internet e do uso que a acompanhou da correspondência eletrônica fizeram um grande buraco no que parecia ser uma fonte perene de rendimento para os Correios. Em dois dias, este autor recebeu vinte e duas correspondências pelo Serviço Postal. Destas, somente uma era uma carta de primeira classe não-descontada. No mesmo período, recebi aproximadamente a mesma quantidade de mensagens de correio eletrônico (e-mail), das quais, talvez seis ou sete teriam sido enviadas como cartas de primeira classe, caso o Correio Eletrônico não estivesse disponível. Enquanto ambos, a Internet e o Correio Eletrônico existem por mais de vinte anos, o Correio Eletrônico era, inicialmente, um meio de comunicação interna para as empresas e a Internet era, inicialmente, um brinquedo esotérico para *nerds* até alguns anos atrás. A revolução na comunicação ocorreu muito rapidamente. Sem um fluxo de notas e circulares cada vez maior, nosso carteiro passaria direto por nós, a maior parte dos dias, e o Serviço Postal estaria de volta no Congresso procurando por uma ajuda econômica.

Inovação e Adoção

Se um novo produto é realmente uma quebra com o tradicional, ele não receberá, imediatamente, a ampla aceitação que merece. O mercado só receberá aquilo que considerar convincente. O fato é que convencer toma tempo, custa caro e traz riscos proporcionais ao tamanho da inovação.

Os primeiros computadores com microprocessadores, o que hoje são chamados de computadores pessoais (PCs), foram produzidos em quantidades "abundantes" e entregues cuidadosamente nas mãos dos *nerds,* que estavam atraídos por eles precisamente porque eram novidades, relativamente incipientes e de valor duvidoso. Uma peculiaridade da personalidade do *nerd* é que eles evitarão, meticulosamente, contato com produtos aos quais não podem acrescentar valor. Eles são, porém, atraídos por brinquedos que podem consertar, com os quais possam brincar e procurar algum uso real a que possam se destinar. Estes *nerds* são os jogadores principais de modo a encontrar aceitação para um novo produto porque encontram usos para uma inovação e porque têm a atenção do inovador.[21]

21 Moore, Geoffrey A., 1989, *Crossing the Chasm: Marketing and Selling High-Tech Products to Mainstream Customers*, Harper Business, New York.

O inovador, uma espécie de personalidade empresarial particularmente rara, está disposto a correr altos riscos para construir vantagens competitivas. O inovador desejará um novo produto customizado para se ajustar maravilhosamente a um ambiente único que sustente a visão particular de futuro do inovador. Ele quer fazer algo melhor, mais rápido ou mais barato do que seus concorrentes e investirá pesadamente em novos produtos que os trará mais perto de sua visão.

Robert Crandall, ex-CEO da AMR, Inc., a controladora da American Airlines, era apenas um inovador. Durante os anos 1960, Crandall era responsável pelos sistemas de estoque e reserva na American. Na área de companhias aéreas, assentos em vôos futuros são "estoque". Um item grande em seu orçamento operacional era o custo de centenas de atendentes que faziam a manutenção do estoque. A IBM e Crandall trabalharam em parceria para criar um Sistema Computadorizado de Reservas (CSR) para a American. Ao transferir para as agências de viagens as funções de registro de dados, a American foi capaz de reduzir substancialmente a quantidade de atendentes para essa função. O sistema resultante não só proporcionou à Crandall e à American vantagens substanciais no custo, mas também deu à American uma nova fonte de rendimentos, já que oferecia serviço de reserva para as companhias aéreas concorrentes. A American, é claro, sempre a primeira a ser listada em qualquer rota na qual havia uma oferta. A vantagem competitiva criada por Crandall e pela IBM durou mais de trinta anos e está apenas começando a sofrer uma erosão por novas tecnologias, com base, em grande parte, na Internet. Crandall também foi responsável por adotar o sistema "*hub and spoke*" como uma estratégia para controlar os custos para a American e sua carreira foi construída com base em sua capacidade de inovar.

O inovador pode não ter a compreensão técnica para avaliar todo novo aparelho que surge. Ao contrário, o inovador faz o que nenhuma pessoa normal faria. Os inovadores, como Crandall, colocam a sua confiança nos *nerds* técnicos. Se um produto inovador atraiu a atenção do *nerd* certo, na hora certa, também pode atrair a atenção de um inovador que pagará pelo direito de demonstrar o valor do novo produto.

Os inovadores fazem isso por acreditar que suas visões irão produzir vantagem competitiva o bastante para tirar alguns concorrentes, e dar a eles a oportunidade de desenvolver uma participação no mercado enquanto outros concorrentes o alcançam. O inovador está motivado a unir o novo produto à visão de que os concorrentes não podem reproduzi-lo facilmente. O novo produto deve atender ao primeiro cliente, enquanto, ao mesmo tempo, o gerente de produtos deve determinar quais características devem ser "generalizadas" e embaladas para serem vendidas aos concorrentes do inovador. O objetivo é definir a função mínima utilizável e, com isso, o conjunto de características que irá alcançar a aceitação do cliente. Embora os concorrentes não sejam inovadores, eles reconhecerão o valor gerado e estarão ansiosos para fechar qualquer lacuna competitiva que tenha sido aberta.

Fenômenos similares ocorrerão com produtos do consumidor que devem, primeiramente, ser vendidos para consumidores inovadores, os quais encontram-se motivados a demonstrar sua superioridade a seus vizinhos ao comprar e usar produtos avançados e modernos. Estes consumidores observarão diversos "especialistas" para identificar produtos que atenderão a este critério de diferenciação. Este é o motivo pelo qual os tênis de basquete endossados por Michael Jordan alcançam uma ampla aceitação, apesar de poucos consumidores usarem os tênis de basquete da mesma forma que o Sr. Jordan usava antes de se aposentar.

Infelizmente, a demanda para o produto morrerá com o inovador e com seus poucos concorrentes, a menos que ocorram outras coisas. Se o produto pode ser produzido para fazer outras coisas no setor da indústria ou do mercado em que este possui um ponto de apoio, os consumidores existentes podem ser usados como referência para se obter aceitação nestas novas aplicações. Pode ser necessária uma "generalização" adicional e a inclusão de novas funções e características. Se outros setores da indústria ou do mercado possuírem exigências análogas, serão, então, confiadas as referências do setor de mercado ou da indústria inicial e o produto pode obter aceitação nestes novos mercados. O próprio produto pode precisar ser "generalizado" ainda mais e complementado com funções e características adicionais.

Dois caminhos para o crescimento estão disponíveis: um deles, por intermédio de novas aplicações dentro de um setor da indústria ou do mercado, o outro, por meio de aplicações similares pelos setores da indústria e do mercado.

Risco e Contexto do Mercado

Uma Solução Aperfeiçoada para uma Necessidade Conhecida

Novos produtos nesta classe poderiam ser chamados de *produtos reativos,* os quais se destinam a mercados onde a competição tem as bases definidas na comparação e em que os limites estão prontamente disponíveis. Os usuários já existem e são confiáveis para comunicar precisamente suas próprias necessidades como um fundamento para as melhorias do projeto. Os desenvolvedores do produto podem seguramente tomar por certo que os custos mais baixos, um maior número de características e uma melhor qualidade provavelmente serão sucesso de mercado.

Na competição de acesso à Internet de alta velocidade, por exemplo, um método competitivo que reduzisse as interrupções do serviço ou melhorasse o atendimento ao cliente seria muito atraente. Os clientes estariam dispostos até mesmo a pagar mais por aquelas melhorias, desde que não achassem a diferença de preço significativa. A mudança de provedores, porém, envolveria um grande esforço. Os correspondentes teriam o endereço de e-mail atual registrado em seus catálogos de endereços, este estaria impresso nos cartões de visita e no material de escritório, além de que as URLs teriam de ser indicadas para novos endereços de IP ou alteradas completamente. Assim, os clientes não fariam a troca se percebessem que o novo concorrente oferece apenas uma mera melhoria. Para ganhar o negócio, a alternativa seria oferecer melhorias em quantidade suficiente que justificassem todo o esforço exigido para gerenciar a troca. A maioria dos clientes provavelmente ficaria com um serviço de acesso à Internet inferior, primeiro do mercado, porque se integrou a múltiplos aspectos de seu negócio e de sua vida pessoal. Certamente a Cox@Home chegou a este autor que escreve a vocês primeiro e usufruirá de todos os benefícios por ter sido o primeiro até que um concorrente produza uma melhoria muito substancial.

As exigências são semelhantes com relação a qualquer novo produto que pretenda entrar em concorrência nesta classe. Melhorias sem grande importância não serão suficientes para substituir seus antecessores, a menos que o novo produto traga realmente um benefício reconhecido. Quanto mais um produto estiver integrado a múltiplos aspectos das respectivas cadeias de valor dos clientes, mais benefícios adicionais uma nova solução deve oferecer para alcançar a penetração no mercado.

Eis porque uma estratégia de lançamento de um produto concorrente sem novos benefícios está fadada ao fracasso. Isso porque preencher um vazio em uma linha de produto para se comparar com um concorrente pode até ser necessário para manter clientes, mas não será suficiente para ganhar novos clientes.

Para ser bem sucedido, o novo produto deve proporcionar benefícios suficientes para sobrepujar a dor de fazer uma mudança. Um produto reativo deve levar a melhor sobre seus concorrentes, de várias maneiras. A mensagem para o gerente de projeto, então, é que vencer a corrida TIME-TO-PROFIT significa aperfeiçoar todas as atividades que constituem o novo produto.

Uma Nova Solução para uma Necessidade Conhecida

Os produtos desta classe poderiam ser denominados *alteradores de paradigmas.* Não somente são novas soluções, como são toda uma nova abordagem para uma solução. Para Marion Merrell Dow, o Nicoderm foi uma nova solução para uma necessidade conhecida. Com certeza, a MMD foi muito bem sucedida ao comercializar o chiclete Nicorette®, um outro produto "para parar de fumar". O Nicoderm foi muito mais do que uma melhoria com incremento sobre o chiclete. Foi todo um novo paradigma de tratamento que libertou o fumante da necessidade de administrar conscientemente a medicação diversas vezes ao dia. Ele eliminou o gosto do chiclete a que alguns fumantes tinham objeção; tinha o sabor de uma nova tecnologia que deu a muitos fumantes maior confiança de que isso os ajudaria a abandonar o hábito.

Com o Nicoderm, assim como qualquer novo produto nesta classe, o desafio de marketing não estava demonstrando que a solução era uma melhoria sobre outras existentes. Em vez disso, o foco era demonstrar que a nova solução era tão segura e confiável quanto as antigas. As informações iniciais de que pessoas tiveram ataques cardíacos quando estavam usando o adesivo causaram um leve tumulto, mas isso não se tornou um impedimento grave entre aqueles que estavam verdadeiramente dispostos a se livrar do vício.

UMA NOVA SOLUÇÃO PARA UMA NECESSIDADE PREVISTA

Inovador é uma palavra muito utilizada no mundo dos novos produtos. Quando a Chrysler apresentou a minivan, ela foi concebida como mais do que uma nova solução para a necessidade conhecida que estava sendo atendida pela "perua" da família. A minivan trouxe amplitude para o transporte familiar. A Chrysler sentiu que havia uma necessidade e um desejo por espaço, mas até que seu produto atingisse o mercado, não havia provas disso. A Chrysler pegou seus concorrentes "cochilando". A Ford e a General Motors rapidamente criaram juntas um chassis de caminhão em projetos similares, mas jamais conseguiram alcançar o sucesso da Chrysler.

Os desenvolvedores que optam por trabalhar com produtos inovadores usufruem do luxo de saber que há pouca chance de que algum outro concorrente esteja colado em seu pescoço, com a mesma idéia.

Eles podem fazer bom uso de seu tempo para pesquisar todo o mercado pretendido em busca de necessidades e aspirações não atendidas. O risco, obviamente, é que possam fazer aquela pesquisa de mercado de maneira que comprovem as conclusões às quais já chegaram. Quando isto acontece, uma inovação chega ao mercado.

UMA SOLUÇÃO EM EVOLUÇÃO PARA UMA NECESSIDADE INCERTA

Quando a Phillips desenvolveu o compact disc (CD), eles detinham uma solução em busca de um problema. Somente quando a Sony se interessou pela tecnologia e a integrou na estratégia de entretenimento do consumidor é que o CD teve mercado. Os produtos nesta classe destinam-se a ser produtos inovadores, porém com muita freqüência são projetados sem um conjunto claro de requisitos do consumidor e jamais chegam ao mercado.

Em 1989, após quatro décadas como um designer de sucesso de supercomputadores, Seymour Cray inaugurou a Cray Computer Corporation (CCC) e começou a desenvolver uma outra máquina muito rápida usando tecnologias não comprovadas e sem nenhum consumidor claramente esboçado em mente. Sua estratégia era a de adaptar processadores muito rápidos em pacotes compactos, inovadores com base no arsenito de gálio (GaAs)[22] em vez do de silício. Conseqüentemente, a CCC teve custos de fabricação excepcionalmente altos, ao passo que outros fornecedores de sistemas de alto desempenho estavam aumentando a modularidade para manter os custos baixos. Os concorrentes da CCC estavam se voltando para índices de produção de centenas de unidades por ano, enquanto os custos da CCC estavam espalhados sobre um punhado!

Estes ônus não teriam sido mutiladores se o primeiro produto da CCC, o CRAY-3, tivesse oferecido desempenho distintamente superior, em comparação com os modelos precedentes e pudessem ser vendidos em um mercado ocioso. Em vez disso, o C-90 da Pesquisa da Cray atingiu o mercado quase ao mesmo tempo (em que os outros modelos) e com desempenho similar.

A CCC fez uma venda experimental para o Laboratório Nacional Lawrence Livermore (LLNL). Em dezembro de 1991, quando a CCC estava incapaz de atender às metas de desempenho, a encomenda foi cancelada. Um CRAY-3 pequeno foi posteriormente colocado no National Center

22 Gallium Arsenide: (GaAs) arsenito de gálio; composto semicondutor, um novo material para construção de chips, que permite operações mais rápidas que os chips de silício. (N.T.)

for Atmospheric Research [Centro Nacional para Pesquisa Atmosférica] (NCAR) onde, após algum tempo e esforço, ficou pronto para o trabalho de produção. Isto não foi seguido, porém, por uma venda efetiva.

O gerente do projeto, desenvolvedor de produtos nesta classe, elaborará um cronograma de projeto interativo com grandes quantidades de circuitos [*loops*][23] de *feedback* e oportunidades abundantes para o registro de dados do consumidor. Nesta classe, além das necessidades significativas dos outros três, o gerente de projetos será bem sucedido apenas se incorporar todas as atividades que constituem o novo produto no plano do projeto de desenvolvimento do produto. Devido ao fato de os produtos nesta classe se confrontarem com um mercado apático ou indiferente, ser o vencedor na corrida da relação TIME-TO-PROFIT significa aperfeiçoar todas as atividades que constituem o novo produto.

Conclusão

No desenvolvimento de um novo produto, o consumidor não é uma única pessoa, departamento ou empresa com quem o gerente de projeto possa conversar diretamente. Isso, no entanto não pode se tornar uma desculpa para não ter conhecimento dos desejos do consumidor.

O consumidor é o mercado e a meta do gerente de projeto é servir a este mercado, de modo mais rápido e de forma mais barata do que seus concorrentes. É claro que gerentes de projeto não gostam de surpresas, mas no desenvolvimento de um novo produto, o seu objetivo é produzir surpresas agradáveis: produtos de qualidade que

23 *Loop* - laço. 1. Em um gráfico, elo que tem o mesmo vértice em cada extremidade. 2. Uma seqüência de instruções em um programa (ou mesmo no caso aqui em referência) que deve ser obedecida repetitivamente pelo computador (ou pelas pessoas). (N.T.)

ultrapassem as expectativas de seus clientes, disponíveis antes de esperados e que possam ser vendidos a preços em que o mercado irá considerar um bom negócio.

Nossa atenção, agora, volta-se ao uso das habilidades do gerenciamento de projeto que sejam necessárias para produzirmos surpresas agradáveis.

Capítulo 3

O Ten-P Paradigm™

O TEN-P PARADIGM™

Este capítulo descreve o Ten-P Paradigm™ [Paradigma dos dez P's] para o desenvolvimento de novos produtos, o qual proporciona as diretrizes de "como fazer" para gerenciar cada uma destas fontes de valor no desenvolvimento do produto. As fontes de valor do Ten-P servem como uma lista de verificação para garantir que novos produtos hão de assegurar a sua participação no mercado, gerando lucros que justifiquem os investimentos feitos em seu desenvolvimento.

Apresentar um novo produto ao mercado exige uma coordenação cuidadosa das fontes de valor que são fundamentais para o sucesso. As dez fontes, ilustradas na Figura 3.1, são resumidas em palavras que começam com a letra P:

Positioning (Posicionamento)	Como identificar o novo produto e distingui-lo daqueles de outros concorrentes.
Planning (Planejamento)	Como organizar a atividade de desenvolvimento do produto em estágios de desenvolvimento.
Partnering (Parceria)	Como identificar e listar o suporte de parceiros estratégicos que possam tornar a nova oferta atraente para o mercado.
Producing (Produção)	Como identificar e garantir as capacidades necessárias para penetração no mercado com sucesso.

Processing (Processamento)	Como identificar e desenvolver processos auxiliares exigidos para atingir o sucesso no mercado.
Packaging (Pacote Completo)	Como determinar a extensão e a natureza da embalagem (pacote completo) adequadas ao mercado.
Pricing (Precificação)	Como determinar uma estrutura de precificação que maximizará os rendimentos e os lucros.
Promoting (Promoção)	Como identificar e implementar meios adequados de fazer com que o mercado tome conhecimento das novas ofertas.
Placing (Posição/Posto)	Como identificar, listar e treinar canais de comercialização apropriados.
Pleasing (Prazer/ Satisfação)	Como identificar e dar suporte às exigências do atendimento ao cliente de segmentos alvos e clientes satisfeitos.

FIGURA 3.1 TEN-P PARADIGM™

Devido ao fato de que cada um desses elementos contribuem muito para a comerciabilidade de novos produtos, para a eficiência da atividade de desenvolvimento do produto e para os lucros obtidos pelos novos produtos, eles são as fontes de valor do **Ten-P Paradigm**™.

Muitos desses elementos costumeiramente foram a única responsabilidade do gerente de marketing de produtos. A corrida da relação TIME-TO-PROFIT exige uma nova abordagem. Agora, os gerentes de produtos e os gerentes de projetos devem colaborar. Ambos devem envidar seus melhores esforços, ou falando uma linguagem mais popular, dar o melhor de si, o máximo de atenção e abordagem disciplinada para cada fonte de valor disponível.

Tradicionalmente, o gerente de projeto vem desempenhando um papel no elemento da produção e esse papel freqüentemente ficou confinado ao segmento de desenvolvimento de produto daquele ambiente. A recente popularidade das técnicas de Projeto para Fabricação (Design for Manufacturing - DFM) ampliou o escopo do gerente de projeto no segmento da produção, integrando o projeto e a produção. Entregar um produto de qualidade no tempo e dentro do orçamento não é mais o suficiente. Entregar um projeto que possa ser fabricado de forma eficiente não é o suficiente. Devido ao fato de o produto acabado ter de gerar rendimentos acima de seus custos de desenvolvimento e de fabricação, o gerente de projetos deve estar preocupado com todos os elementos que contribuam para comercializar o sucesso.

Ser o vencedor na corrida da relação TIME-TO-PROFIT significa aperfeiçoar todas as atividades que constituem o novo produto. O papel do gerente de projeto é garantir que a integração e a coordenação possam diminuir o número de dias, semanas e de meses cruciais do total de tempo decorrido, exigido para trazer uma nova oferta ao mercado.

POSICIONAMENTO

Um novo produto não existirá separadamente. Ao invés disso, ele pode ser apresentado como uma extensão da linha de produtos total de uma empresa. Os clientes em potencial certamente hão de avaliá-lo por meio de comparação com produtos concorrentes que satisfaçam a exigências semelhantes. A identificação do contexto na qual a nova oferta será mais favoravelmente avaliada é fundamental para definir as características que permitirão que o mercado identifique aquilo sendo vendido. As características que o separarão das alternativas dentro do contexto também devem ser identificadas. Uma análise completa incluirá não apenas as semelhanças e as diferenças, mas também identificará as diferenças nas similaridades e as similaridades nas diferenças.

O primeiro passo na definição do produto é fundamental para todas as etapas que se seguem, mas, particularmente, para a promoção da oferta. O posicionamento do produto deve ser comunicado ao mercado. O esforço da promoção comunicará as informações e tais informações terão seu foco no contexto e na diferenciação escolhida na etapa de posicionamento. Mesmo se o produto for diferente de qualquer coisa que esteja disponível no mercado, este deve suplantar algumas maneiras existentes para passar o tempo, energia ou esforço. A princípio, o aparelho de videocassete era diferente de tudo existente no mercado, suplantando a exigência de se assistir os programas da televisão na hora em que eram transmitidos. Com o advento dos filmes alugados, ele suplantou a exigência de assistir aos filmes na hora da transmissão ou em cinemas. Com o lançamento da câmera de vídeo, ele suplantou a combinação de câmera de vídeo doméstica, o projetor e a tela.

Na fase de posicionamento, o específico produto em desenvolvimento é distinguido dos atuais. Este também deve ser integrado com a linha de produtos semelhantes oferecidos pela organização. Se outros produtos forem oferecidos no futuro, o atual também deve ser distinguido deles. As características e funções são incluídas ou omitidas para distinguir o novo produto e atrair um segmento específico dentro de um mercado mais amplo.

Se o produto for o primeiro lançamento de uma linha de produtos totalmente nova, podem ser feitas determinações preliminares no posicionamento para incluir ou omitir as funções e características na oferta inicial. O que for obviamente essencial deve ser incluído, o que for evidentemente opcional deve ser omitido para facilitar um rápido ciclo de desenvolvimento. As funções e características que não puderem ser identificadas como obviamente essenciais ou evidentemente opcionais podem ser deixadas como decisões a serem tomadas durante os elementos de planejamento e processamento.

Por exemplo, os cremes dentais oferecidos atualmente incluem produtos para combater as cáries, gengivite, eliminarem o mau hálito (halitose), clarear os dentes e com sabor agradável. Algumas marcas informam serem totalmente compostos por ingredientes "naturais", outras elogiam em demasia as suas fórmulas especiais. Em cada caso, o creme dental é anunciado de forma a atrair um determinado segmento de mercado. Os gerentes de projeto não devem somente compreender esta atividade; eles têm de ter controle sobre ela, de forma a garantir que as decisões tomadas no posicionamento possam ser rapidamente implementadas em todas as outras atividades.

Uma declaração adequada sobre o posicionamento identifica todas as atividades que compreenderão o produto. Uma descrição de cada atividade terá seu foco voltado para o modo como aquela atividade criará valor para o segmento de mercado desejado. Isto pode ser particularmente difícil para o produto *ah, ha* e esta dificuldade pode explicar porque os produtos *ah, ha* se tornam, tão freqüentemente, os produtos *ah, bem!* Se houver atividades que não agregam valor ao cliente, eles podem colocar um ônus sobre outras atividades que não podem ser superadas.

Conforme o progresso, a declaração de posicionamento pode ser refinada para incluir descrições das interfaces entre as atividades. Uma atenção cuidadosa concedida às interfaces entre o processamento, a fabricação e a aquisição da encomenda podem produzir um fluxo com menos emendas, o que garante uma entrega pontual, a qualidade e uma maior satisfação do cliente. Tão importante quanto isso, a interface entre a promoção e o suporte ao cliente pode garantir que "promessas feitas sejam promessas mantidas".

Planejamento

Gerentes de projeto experientes estão familiarizados com os processos envolvidos no planejamento de projetos. A aplicação destes processos ao espectro total das atividades de lançamento do produto pode, porém, ser uma experiência nova para muitos gerentes.

Os gerentes de projeto normalmente começam as suas atividades de planejamento criando uma Estrutura Analítica do Projeto (Work Breakdown Structure - WBS/EAP). Uma EAP é uma maneira organizada de estruturar todo o trabalho que precisa ser feito, a partir de decomposições sucessivas. Usando as fontes de Ten-P de valor como nível 1, a EAP garantirá que o plano do projeto incluirá todas as atividades que possam contribuir para o sucesso do produto. Nenhuma fonte de Ten-P é excluída da EAP, a menos que nenhum produto sendo desenvolvido, nem nenhum de seus concorrentes atuais ou em potencial derivem qualquer parte de seu valor para o cliente advindo daquela fonte. Já que é difícil prever o comportamento do concorrente, o melhor é ser muito abrangente do que muito limitado ao montar uma equipe de planejamento de projetos.

Logo no início da fase de planejamento, o gerente de projeto pode descobrir que cada uma das fontes de Ten-P é dependente de cada uma das outras fontes no que se refere às informações fundamentais, um total de quarenta e cinco dependências potenciais (ver Figura 3.2). Até que estas dependências sejam resolvidas, nada mais pode acontecer. De acordo com Robert G. Cooper[24], a principal causa do fracasso de um novo produto e do retardamento do tempo até chegar ao mercado é a não definição adequada do produto em termos de seu mercado alvo, posicionamento,

24 Cooper, Robert G., 1998, *Product Leadership: Creating and Launching Superior New Products*, Perseus Books, Reading, Mass.

características e benefícios. Resolver as dependências entre as fontes de **Ten-P** é uma maneira eficaz de definir o novo produto.

No exemplo do adesivo de nicotina, os Laboratórios Lederle da American Cyanimid tomaram a decisão de distinguir o Habitrol de seus concorrentes ao oferecer o número 0800 para consultores, efetivamente uma atividade de suporte "agradável" ao cliente. A decisão pode bem ter sido o resultado de uma pesquisa entre canais de comercialização, particularmente médicos, e não poderia ter sido tomada sem determinar que consultores para ajudar consumidores a pararem de fumar estivessem disponíveis e capazes de trabalhar efetivamente ao telefone. Aquela decisão, por sua vez, foi necessariamente refletida na promoção, acondicionamento e, provavelmente, na fixação de preços do produto. O planejamento, sobre diversas dimensões das atividades do novo produto, foi integral para a diferenciação do produto.

A fórmula para identificar a quantidade de dependências em potencial é a seguinte:

$$\frac{N(N-1)}{2} = D \quad \text{por exemplo:} \quad \frac{10(10-1)}{2} = 45$$

onde, N é o número de fontes de valor e D é o número de dependências em potencial.

FIGURA 3.2 CÁLCULO DE POSSÍVEIS DEPENDÊNCIAS

Claramente, a realização bem-sucedida de todas estas tarefas exige esforços que cruzam limites organizacionais múltiplos. Um time de projeto integrado é um meio eficaz de estabelecer e manter a coordenação essencial para alcançar a meta em tempo oportuno. O Capítulo Cinco identificará muitos benefícios da abordagem da equipe de projeto integrado para o produto ser desenvolvido.

A maioria destes benefícios pode ser realizada somente tendo como ponto de partida um plano completamente integrado.

Compreender e administrar as dependências através dos elementos do esforço é uma primeira etapa crucial para evitar esforço perdido, retrabalho e atraso. Esta compreensão forma a base para catalogar as incertezas, definir tarefas, identificar dependências, avaliar as habilidades a serem aplicadas, estimar o tamanho e a duração do empenho exigido, estabelecimento tanto de um cronograma como de um orçamento, alocação de recursos e atribuição de responsabilidades. Isto também formará a base para desmembrar o cronograma em pequenas unidades e para definir os critérios para a continuação do projeto conforme o trabalho progride de uma fase para outra. Estes critérios serão decisivos para o estabelecimento de meios de entrada e/ou de saída que são componentes essenciais da metodologia de desenvolvimento baseada em fases, estágios e acessos.

Catalogando Incertezas

O desenvolvimento de um novo produto é inerentemente arriscado. Eis a natureza dos projetos de fazer coisas que não foram levadas a cabo antes. Embora a incerteza esteja implícita, o gerente de projeto deve torná-la explícita. Um catálogo das incertezas e dos riscos associados a elas é fundamental para a realização de um orçamento e de um cronograma adequados. O progresso do projeto de desenvolvimento será medido pelo progresso da equipe ao eliminarem incertezas.

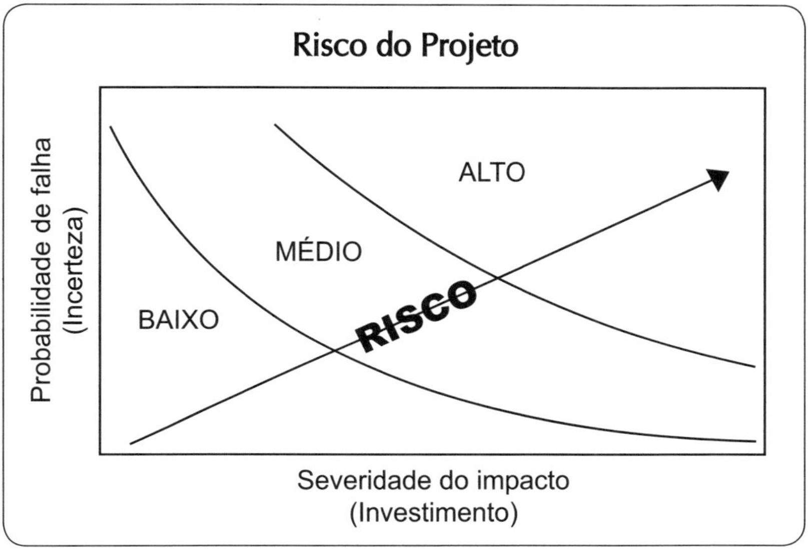

FIGURA 3.3 RISCO DO PROJETO

No princípio de um projeto de desenvolvimento de produto, há muitas incertezas e uma alta probabilidade de fracasso, mas os investimentos ainda são baixos. O risco, portanto, é baixo. Conforme o projeto se desdobra, os investimentos aumentam, mas as incertezas e a probabilidade de fracasso diminuem. O risco pode ser mantido em um patamar sustentável se a solução das incertezas do projeto mantiver-se em equilíbrio com os investimentos feitos no projeto.

A maioria das pessoas gostaria de ignorar a sua própria ignorância. Ao não conseguirem, as pessoas pelo menos tentarão esconder sua ignorância daqueles com quem trabalham. Pensar sobre as coisas que elas sabem pouco ou nada parece artificial. Escrevê-las em uma lista parece deturpado. Quanto mais longa a lista, pior se sentem. Não obstante, perguntar "O que pode sair errado?" é um ato de maturidade e, até mesmo, heroísmo. Somente trazendo à tona as dúvidas e incertezas é possível desenvolver planos de ação e identificar as etapas que hão de mitigá-las ou eliminá-las. É sobre o gerenciamento destas incertezas que o desenvolvimento do novo produto trata. Um gerente de projeto eficaz fará esta lista e ignorará os sentimentos enganosos, que dão uma idéia ou impressão errada.

Definindo Tarefas

Uma tarefa ou pacote de trabalho refere-se a uma unidade de trabalho que produz um entregável[25] cujas dimensões são passíveis de serem medidas. No mundo incerto do desenvolvimento de um novo produto, o entregável freqüentemente será a informação que resolve a incerteza. Nas fases iniciais de um projeto de desenvolvimento de um novo produto, as tarefas freqüentemente envolverão pesquisas ou testes. Durante as fases posteriores, as tarefas com freqüência compreenderão a integração das informações aprendidas nas tarefas iniciais.

Ocasionalmente, pode valer à pena dividir o trabalho em pequenas tarefas gerenciáveis para microgerenciar partes de um projeto. Mesmo nestas circunstâncias incomuns, todo pacote de trabalho se beneficiará de ter um produto mensurável a ser entregue. Cada tarefa terá um objetivo INTELIGENTE (S.M.A.R.T.); ou seja, ela deve ser projetada para produzir algo que seja:

S eletivo – Definições de metas devem evitar ambigüidade, com a propriedade de responder melhor a uma idéia do que a outras.

M ensurável – As medidas do progresso devem ser quantificáveis.

25 Os *deliverables* ou entregáveis são os produtos intermediários gerados nas fases em que o projeto está dividido. Podem ser materiais (componentes, equipamentos) ou imateriais (documentos, softwares). Os entregáveis permitem a avaliação do andamento do projeto; por exemplo, em uma rede ibero-americana de nutrição de peixes em águas doces, os *deliverables* poderiam ser uma base de dados com os investigadores especializados em nutrição de peixes ou, por outro lado, relatórios sobre as propriedades nutricionais que a água supõe para os peixes. (N.T.)

A lcançável – Metas devem ter uma extensão realista, não utopias imaginadas por pensadores com um cachimbo na boca e sonhando acordados.

R esultados como alvo – Metas devem aproximar o projeto mais e mais da conclusão.

T empo como limite – Sem prazos finais, as coisas não são realizadas.

Identificando Dependências

Freqüentemente, os pacotes de trabalho não podem começar até que os pré-requisitos necessários tenham sido produzidos por pacotes completos de trabalho precedentes; informações ou objetos necessários para atacar efetivamente a tarefa que se tem à mão. Por exemplo, o design de uma estrutura de espaçonave pode depender de informações referentes às dimensões, ao peso, à pressão e à eficiência de gasto de combustível dos motores que serão utilizados para fornecer propulsão mecânica. Como as habilidades necessárias e os recursos disponíveis são acrescentados à combinação, estas limitações adicionarão novas dependências ao desafio de programar o projeto para o desenvolvimento de um novo produto.

Avaliando as Habilidades

Todo gerente de projeto sonha com um plano de realização, deste que atraia os trabalhadores mais qualificados e empenhados a realizarem tarefas difíceis que simplesmente tenham a perícia certa para ganhar prêmios com o desenvolvimento de projetos de novos produtos sem esforço perdido, re-trabalho ou atraso. No mundo real, porém, a maioria do conjunto de funcionários do projeto é composta por meros mortais. Para o gerente de projeto tentado a ficar desanimado por esta realidade, vale a pena lembrar que a maior parte das pessoas na maioria dos projetos durante toda a história era composta de pessoas comuns. A identificação das habilidades requeridas para o trabalho, assim como a identificação das pessoas disponíveis mais qualificadas é importante para o sucesso; entretanto, tão importante quanto isso, a atividade de desenvolvimento do novo produto deve providenciar pessoas, sejam estas altamente talentosas (super estrelas) ou pessoas comuns, que têm a oportunidade para demonstrarem seus melhores esforços. Falta de pessoas habilidosas sempre leva a culpa por projetos fracassados. Ainda mais freqüente, o problema real era um processo que confundia, frustrava e desencorajava as pessoas talentosas que tiveram a má sorte de serem designadas para que se reportassem a um gerente de projetos ineficiente ou improdutivo.

Há vinte e cinco anos, ser um operador de computador me permitia ganhar a vida. Hoje em dia, isso qualificaria a mim como sendo um terceiranista. Em nossa economia que se desenvolve rapidamente, cada projeto requer habilidades que não existiam quando o último projeto teve início. Freqüentemente, as habilidades necessárias para conduzir um projeto de desenvolvimento simplesmente não existem dentro da empresa. Isto não significa que o projeto seja impossível. O gerente de projeto é responsável por dirigir, encaminhar e assessorar seu time no desenvolvimento de novas habilidades e no crescimento profissional destes. Cada indivíduo sustenta a responsabilidade e certamente responde por isso para desenvolver novas habilidades. Porém, já que tais capacidades provavelmente contribuirão para o futuro sucesso da empresa, o gerente de projeto e os procedimentos para o desenvolvimento de produtos são responsáveis por propiciarem as oportunidades de desenvolvimento de tais habilidades.

A colaboração está se tornando uma habilidade cada vez mais importante para os gerentes e para os membros da equipe do projeto. Conforme a complexidade de novos produtos aumenta, cada um de nós se torna cada vez mais dependente do conhecimento, da experiência, das habilidades e das personalidades daqueles com quem trabalhamos. Como indivíduos, passamos muito tempo de nossas vidas lutando para sermos independentes. No ambiente de desenvolvimento de produtos, achamos que a equipe pode realizar mais do que qualquer indivíduo esperaria realizar sozinho. A interdependência é mais produtiva do que a independência.

Para muitos de nós, a colaboração pode apresentar a ameaça da perda do controle. Essa ameaça é muito real. Em uma equipe extremamente colaboradora, as pessoas perdem o controle para o grupo. Esta consideração exercerá um papel na identificação das habilidades exigidas para um projeto de desenvolvimento de novo produto. As habilidades de colaboração são vitais para o sucesso das equipes de projeto integradas e podem ser incluídas na lista das habilidades exigidas para um projeto de desenvolvimento de um novo produto. Alternativamente, o gerente de projeto pode optar pela elaboração de habilidades colaboradoras da equipe do projeto, especialmente aquelas do gerente de projeto, conforme o projeto avança. Tornar-se uma pessoa colaboradora[26] compreenderá uma curva de aprendizado tripla [ou em *loop*] (discutido no Capítulo Cinco) e exigirá que as pessoas façam coisas de forma diferente, pensem diferentemente e sejam mudadas em relação ao que eram em uma organização mais hierárquica.

26 Hargrove, Robert, 1998, *Mastering the Art of Creative Collaboration*, McGraw Hill, New York.

ESTIMATIVA

A realização de uma estimativa do esforço necessário para a conclusão de um projeto é um exercício do gerenciamento de risco. O gerente de projeto pode aplicar processos de gerenciamento de risco e de lógica à estimativa de um projeto. Se as conseqüências dos erros forem baixas, o gerente de projeto pode ser capaz de aceitar um alto nível de incerteza. Conforme as conseqüências do erro aumentam, o gerente de projeto pode empregar os processos de redução e de mitigação de risco que reduzirão o impacto das estimativas imprecisas. As técnicas para se fazer uma estimativa, listadas no presente livro, são dispostas em sua ordem aproximada de incerteza.

Uma estimativa dada por uma pessoa que estará envolvida na realização do trabalho é o meio menos certo de se obter uma estimativa; é também o mais freqüentemente usado. A estimativa de um indivíduo é incerta porque é o produto de uma única pessoa que pode ter um motivo consciente ou uma tendência inconsciente, predisposta de forma desfavorável, para subestimar ou superestimar. A estimativa feita por um indivíduo envolvido oferece o grande benefício intangível da confiança. O contribuidor individual normalmente responderá à confiança do gerente de projeto ao preparar a mais precisa estimativa possível e ao se esforçar ao máximo para concluir o trabalho dentro do tempo estimado. O indivíduo que estiver oferecendo a estimativa está assumindo um compromisso e empreenderá o trabalho com um senso de propriedade. Se as conseqüências do erro forem baixas, o método de escolha para as tarefas poderá ser conduzido pelas pessoas.

Uma estimativa consensual, preparada por um time de projeto integrado, provavelmente, será mais precisa do que uma feita de forma individual, pois a primeira é o produto de um número maior de mentes pensantes; porém, ela ainda pode sofrer do potencial de motivos conscientes e de tendências inconscientes, além do potencial para erros de turnos de grupo e de pensamento em grupo. Mas, as estimativas consensuais desfrutam do grande benefício de desenvolver relações de confiança e, quando as conseqüências do erro forem baixas o suficiente para tornar os riscos deste tipo de estimativa aceitáveis, pode ser o método de escolha a ser conduzido pelas equipes.

A construção de uma estimativa total do projeto com base em uma análise de baixo para cima das estimativas para cada tarefa ou pacote de trabalho pode ser enganadora. Cada uma das estimativas é, de fato, o tempo ou esforço julgado mais provavelmente a partir de uma variedade de possibilidades limitadas por um melhor caso e por um pior caso. São estas probabilidades numéricas e não números deterministas. Um gerente de projeto que pede e recebe estimativas com relação aos piores e aos melhores casos e para os casos mais prováveis pode desenvolver um cronograma de projeto mais realista. Ao usar a teoria de Monte Carlo[27], o gerente de projeto pode lidar com todo o conjunto de estimativas como sendo probabilidades. Somando os custos ou tempos decorridos para todas as estimativas mais prováveis, isso raramente resultará no custo ou tempo decorrido mais provável para o projeto total. Em vez disso, devido ao fato de que algumas tarefas têm um custo menor que o estimado e outras custem mais, o gerente de projeto desejará entender a probabilidade estatística do projeto total de se concluír a um dado custo ou a um dado momento no tempo. Por exemplo, um simples projeto hipotético composto de três tarefas seqüenciais está estimado para precisar de dias de trabalho conforme descrito na tabela a seguir:

27 Diversos pacotes de cronogramas de programa de gerenciamento de projeto incluem as características da simulação de Monte Carlo. Outros pacotes funcionam independentemente ou como "*add-ons*" para programas de cronograma.

	Melhor Caso	Caso Mais Provável	Pior Caso
Tarefa 1	10	15	25
Tarefa 2	25	40	75
Tarefa 3	15	25	30
Totais	**50**	**80**	**130**

O gerente de projeto que não solicitar estimativas de melhor e de pior caso, juntamente com a do caso mais provável, não ficará ciente de que o projeto pode levar cerca de 130 dias de trabalho, 50 dias a mais do que a estimativa do caso mais provável, assim como não terá ciência de que há uma possibilidade de finalizá-lo em cerca de 50 dias. O mesmo gerente de projeto, com toda a probabilidade, presumirá que o projeto total será concluído em oitenta dias.[28] Infelizmente, isto não é verdade.

Na verdade, existe apenas cerca de 30% de chance de o projeto ser concluído em 80 dias. 50% são as chances de o projeto consumir por volta de 86 dias para ser concluído. Com o intuito de reduzir o risco de erro a 20%, o gerente de projeto poderia concluir que o projeto exigirá 97 dias para ser concluído. A mesma simulação de Monte Carlo gerou a seguinte tabela de probabilidades de previsão para a conclusão do projeto.

Percentil	DIAS	Percentil	DIAS
10%	72,23	60%	88,89
20%	76,35	70%	92,60
30%	79,57	80%	96,96
40%	82,67	90%	102,89
50%	85,70	100%	122,13

28 Como pode ser improvável, devido a acidentes de percurso não presentes no planejamento, completar uma volta ao mundo em 80 dias com os melhores meios de transporte disponíveis, por exemplo. (N.T.)

Os projetos reais, é claro, são constituídos de centenas ou de milhares de tarefas. Nem sempre é possível ou se tem recursos para fazer a solicitação de estimativas individuais ou consensuais no que se refere a todas as tarefas. Freqüentemente, é também o caso em que as conseqüências da estimativa de erros levam os gerentes de projeto a obterem estimativas que reduzem a incerteza abaixo dos níveis que podem ser obtidos a partir das estimativas individuais ou consensuais. Nestas situações, o gerente de projeto consultará avaliadores, especialistas que trazem objetividade e metodologias sofisticadas para a tarefa de preparar uma estimativa.

Em geral, os avaliadores ou orçamentistas empregarão uma ou mais metodologias para realizarem a estimativa: analogia, relações para estimar custos e modelagem paramétrica de custos. Todos estes três métodos têm seu foco na identificação de similaridades entre o projeto sendo estimado e os projetos executados anteriormente.

Quer as estimativas sejam geradas por indivíduos, por equipes integradas de projeto ou por especialistas em estimativas, o gerente de projeto deve ser municiado com um conhecimento dos melhores e dos piores casos, além do caso mais provável. Devido ao fato de que é de responsabilidade do gerente de projeto fornecer à gerência executiva as melhores informações possíveis, ele pode usar, também, as simulações de Monte Carlo para determinar a probabilidade da conclusão de um projeto, ou de uma fase dentro de um projeto, a um dado custo ou momento no tempo.

Preparação de Cronograma

Na metodologia de desenvolvimento baseada em fases, estágios e acessos, a ser integralmente discutida no Capítulo Quatro, o cronograma do projeto é composto por uma série de cronogramas de fases, separados por eventos com meios voltados à obtenção de resultados (de entrada, inicial). A preparação do cronograma requer que o gerente de projeto desenvolva em primeiro lugar as entradas, depois, as tarefas na fase anterior que hão de atender às exigências da entrada. O design escalonado visará à identificação de um conjunto de perguntas específicas que serão respondidas e em uma variedade aceitável de respostas para cada uma destas questões. Uma entrada é um marco da decisão, uma oportunidade de alocar os recursos à fase seguinte do desenvolvimento ou para pôr fim ao desenvolvimento, o qual deve ser interrompido se as informações coletadas em uma fase precedente estiverem fora da faixa de valores aceitável.

As seqüências do cronograma devem ser definidas pelos riscos relativos das soluções dos concorrentes para os problemas. O risco de qualquer tarefa é o produto do custo daquela tarefa multiplicado pela probabilidade de um resultado mal-sucedido. Por exemplo, se há uma questão de engenharia que possa ser resolvida por um engenheiro em cinco dias, então a conseqüência da falha é a perda do tempo daquele engenheiro durante cinco dias. Caso haja uma probabilidade de 20% de uma resposta favorável (80% chance de falha / fracasso) no que diz respeito à questão, neste caso, o risco de se realizar a tarefa especial para este trabalho de forma a resolver a questão é de quatro dias (5 dias X 80%).

Se uma incerteza diferente, uma solução alternativa para o mesmo problema, for precisar de três engenheiros durante cinco dias mas a probabilidade de uma resposta favorável for 60%, neste caso, o risco é de 6 dias (15 dias X 40%). Dada a escolha entre estas duas tarefas como soluções alternativas para o mesmo problema, um gerente de projeto deveria executar a primeira porque o risco dela é menor, apesar de a probabilidade de sucesso ser menor.

As informações obtidas em uma fase inicial de desenvolvimento podem estabelecer que as tarefas sejam incluídas, modificadas ou retiradas das fases subseqüentes. O gerente de projeto pode preparar novamente o cronograma e fazer um novo orçamento das fases posteriores na preparação para a revisão da passagem, o que não significa que o orçamento original de linha de base deva ser ignorado em favor de uma nova linha de base, mas, sim, que o projeto pode e deve ser rastreado em comparação com mais de uma linha de base. Os gerentes de projetos futuros obterão benefícios de uma imagem clara de como a precisão do cronograma e do orçamento se desenvolvem conforme o projeto avança através do processo. As informações tornam-se úteis na avaliação do risco em projetos futuros que fazem uso das relações de estimativas de custo ou de técnicas paramétricas de modelagem de custos, o que também será útil na criação de acessos para projetos futuros.

Orçamento

Os custos dos projetos de desenvolvimento de produtos são aqueles de extermínio de incertezas e de obtenção de respostas às perguntas sobre o produto. Quais necessidades dos consumidores o novo produto há de satisfazer? Como lhes satisfará diferentemente? Quanto isso custará? Como informaremos aos consumidores sobre o novo produto? Onde os consumidores poderão comprar o produto? Como os consumidores hão de conseguir respostas sobre o produto? Como o produto será consertado caso quebre? Os custos de apresentar tais respostas, assim como outras milhares de questões igualmente importantes, fazem parte do conteúdo do orçamento do desenvolvimento do produto.

Alguns dos esforços em responder estas questões podem ter um custo mais alto ou tomar mais tempo do que o estimado. Alguns podem ainda gerar novas perguntas que devem ser respondidas. É possível que alguns desenvolvam respostas que demandem toda a remodelagem ou até mesmo o abandono do projeto como um todo. Alguns podem simplesmente não obter êxito ao gerar qualquer resposta de modo algum. A preparação de um orçamento para um projeto de desenvolvimento de produtos requer um orçamento abrangendo todos estes riscos.

O risco é definido como produto de incerteza e conseqüências. Incerteza, aqui, é a possibilidade de respostas insatisfatórias às perguntas. Conseqüências, nesse caso, são a perda de tempo, dinheiro e esforço investido na tarefa ou projeto. Uma tarefa com uma pequena probabilidade de sucesso e altos custos é uma tarefa de alto risco. Reduzir tanto as probabilidades de respostas insatisfatórias ou custos da tarefa reduz o risco. Na metodologia de desenvolvimento com meios voltados à obtenção de resultados (de entrada, inicial), dividida em fases e estágios discutida no Capítulo Quatro, o risco é gerenciado por intermédio do controle da relação entre o investimento feito no projeto e a probabilidade de soluções não aceitáveis. Visto que a incerteza é alta no início do projeto, os investimentos são pequenos. Conforme o progresso do projeto, menos questões ficam remanescentes, e os investimentos podem aumentar sem nenhum aumento do risco.

Cada empresa, dependendo de sua posição econômica e dos interesses de sua gerência, de seus diretores e de seus acionistas, demonstrará uma tolerância com relação ao risco em um patamar consistente. A gerenciamento eficaz de um portfólio de produtos de uma empresa implica manter os riscos globais em um nível que esta possa suportar. As empresas iniciantes estão normalmente ocupadas com fazer ou interromper projetos de desenvolvimento de produto. Elas podem e devem comprometer todos seus recursos na criação de seu produto inicial. Empresas perfeitamente desenvolvidas com produtos já bem estabelecidos e lucrativos no mercado podem investir mais dinheiro no desenvolvimento de novos produtos, mas estão propícias a demonstrar uma tolerância de risco menor do que as pequenas empresas. Ao utilizar a metodologia de desenvolvimento com meios voltados à obtenção de resultados (de entrada, inicial), dividida em fases e estágios, um gerente de produto pode sustentar o risco em um patamar consistente por meio de um novo projeto de desenvolvimento de produtos. Isso significa que as etapas iniciais de um novo projeto de desenvolvimento de produto devem ser menos caras do que as etapas posteriores. As fases menores e de duração mais curta são seguidas das fases maiores e de mais alto custo. É claro que o sistema somente controla o risco se cada fase que se sucede também reduzir a incerteza. O planejamento do projeto deve, portanto, ter o foco no desenvolvimento de informações no princípio, o que reduzirá a incerteza a respeito do novo produto. Por conseguinte, planejar o orçamento significa o desafio de identificar os diversos custos de extermínio de incertezas, incluindo aquela do pensamento de qualquer participante do projeto, assim como no planejamento de despesas em uma seqüência que minimiza a incerteza e o risco.

Alocação de Recursos

Na metodologia de desenvolvimento com meios voltados à obtenção de resultados (de entrada, inicial), baseada em fases e estágios, cada fase de desenvolvimento é seguida por uma revisão de entrada, na qual os entregáveis daquela fase são avaliados. Uma decisão é tomada: seja ela para dar continuidade ao projeto, para adiar sua continuidade ou cancelá-lo. A menos que funcionários, espaço, ferramentas e capital sejam disponibilizados para a continuidade do projeto, seu adiamento ou cancelamento são as únicas alternativas viáveis. Visto que as fases iniciais são relativamente breves e de custo baixo, a distribuição de recursos para a próxima fase pode requerer o envolvimento de supervisores ou de gerentes. Conforme o projeto avança e as fases tornam-se mais prolongadas e mais dispendiosas, os gerentes seniores devem se envolver tanto como "protetores da entrada" e "zeladores" quanto aos crescentes recursos necessários para a fase seguinte.

O gerente de projeto que é bem preparado para uma revisão de entrada será muito específico sobre o tamanho do esforço necessário para a próxima fase, as habilidades específicas, o custo dos recursos, o controle das despesas e uma data de entrega para a próxima revisão de entrada. Ele ou ela estará munido dos objetivos INTELIGENTES (S.M.A.R.T.) para cada tarefa na fase seguinte e apresentará um entendimento claro de como aquelas metas reduzirão as incertezas e farão com que o novo produto fique mais próximo da realidade.

Atribuição de Trabalho

Em cada fase do desenvolvimento de um produto, o trabalho pode ser efetuado em todas as fontes de valor do **Ten-P**, porque as tarefas do projeto têm normalmente seus focos nas respostas a questões e na resolução de incertezas que cruzam as fronteiras organizacionais, tais tarefas são freqüentemente atribuídas a equipes de projetos integrados. Se a empresa é organizada funcionalmente, as equipes podem incluir representação de cada uma das unidades organizacionais de função.

Se o desenvolvimento do novo produto é crucial para o sucesso da empresa, uma força-tarefa que seja gerenciada como uma organização de projeto, em vez de como organização funcional, será mais eficaz. Poucas pessoas conseguem ser eficazes quando seu tempo, interesse e atenção são divididos entre dois conjuntos de demandas incompatíveis e freqüentemente em competição, organizações funcionais são relutantes quanto a atribuir seus melhores funcionários ao trabalho em equipes. Tipicamente, o desempenho, no projeto, das pessoas que são designadas de organizações funcionais não é refletido em suas revisões de desempenhos ou em suas remunerações. Todas essas pessoas trabalham com o intuito de sabotar o desempenho do projeto. Conforme o passo da inovação é acelerado, as pressões elevam-se para o abandono da organização funcional.

Parcerias

Identificar oportunidades para aumentar as habilidades, a tecnologia, e as posições de parceiros estratégicos e de parceiros estratégicos em potencial deveria começar nessa primeira etapa do desenvolvimento do projeto. Uma vez que o conceito do produto foi cristalizado, fornecedor e parceiros de canal podem estar envolvidos em cada etapa do desenvolvimento do produto. Os fornecedores têm muito a ganhar com o sucesso dos seus clientes e podem ser vistos como fontes de eficácia, podendo eliminar tempo inútil dos ciclos de desenvolvimento. Os canais são fontes valiosas de informação que ajudarão a identificar e, subseqüentemente, desenvolver, a mínima característica funcional que permitirá à empresa colocar um novo produto no mercado à frente de seus concorrentes. Os gerentes de projeto podem utilizar sua experiência de gerenciamento de contrato para garantir que os fornecedores e outros parceiros estejam acompanhando todo o esforço de desenvolvimento do produto.

A empresa Marion, Merrel, Dow (MMD) colocou o Nicoderm no mercado primeiramente, em parte, com a parceria da Alza Corporation, a qual já havia aperfeiçoado o método transdermal de aplicação de medicamentos. Quando o Nicoderm foi aprovado para vendas no balcão em 1996, a produção, a comercialização e a distribuição deste foi licenciada à SmithKline Beecham, com o propósito de aproveitar suas habilidades superiores no mercado de vendas no balcão.

A formação de parcerias pode desempenhar um papel chave no posicionamento. A GTE, por exemplo, não teria conseguido posicionar seu sistema de comunicação de linhas aéreas, a Airfone®, sem a consideração dos parceiros de companhias aéreas que utilizariam o produto em seus vôos. O treinamento para comissários de bordo, que fornecem tanto serviço de promoção como de atendimento ao cliente para a Airfone, é uma parte integral do sucesso de sua oferta como as estações fixas que retransmitem o tráfego da rede de rádio transportado pelo ar para a rede de telefonia terrestre. Sem a inclusão da GTE de parceiros de linhas aéreas no posicionamento do Airfone, o novo produto nunca teria sido desenvolvido.

Parcerias podem existir de diversas formas. Uma empresa está envolvida em parcerias com cada um de seus fornecedores. Isso é mais óbvio com o caso de funcionários que são provedores de serviços pessoais à empresa e que tomam parte em decisões que lidam com o destino de seu empregador. É menos obvio que a TRW, vendendo capas de parafusos e válvulas de motores e airbags, participa em decisões que se referem ao destino da General Motors. Todavia, se a GM vende mais carros, a TRW vende mais peças.

Assim, cada empresa está envolvida em uma parceria com cada um de seus fornecedores assim como com todos seus consumidores. Até mesmo os consumidores são parceiros das empresas das quais compram mercadorias e serviços, as quais podem contribuir para seu bem-estar geral e eles comprarão mais mercadorias e serviços caso se tornem mais produtivos e ganhem mais.

Empresas podem também modelar parcerias mais formais na estrutura de alianças estratégicas, *joint ventures* e consórcios. Alianças estratégicas freqüentemente envolvem acordos de licença em que uma empresa adquire o direito de utilizar a tecnologia de outra empresa. Ocasionalmente, alianças estratégicas envolverão uma troca mútua de tecnologia. Em *joint ventures,* duas empresas que desejam compartilhar as tecnologia uma da outra, formarão uma terceira empresa, a qual será controlada pelas duas empresas inicialmente referidas, o que é uma licença de ambas empresas com relação às tecnologias compartilhadas. Os consórcios, conhecidos como *keiretsus,* no Japão, e *chaebols,* na Coréia do Sul, são redes de empresas que compartilham tecnologias, propriedade cruzada, diretorias interligadas e, com freqüência, instalações de pesquisas básicas em comum. Uma outra forma de parceria digna de nota, pois vem se tornando comum, de modo crescente. *Co-ompetition* [competição cooperativa][29] é o nome dado aos relacionamentos entre

29 *Coopetition* ou *Co-opetition* é um jargão inventado para descrever competição cooperativa. Cartéis são exemplos bem conhecidos de empresas que trabalham em conjunto de modo a limitar a concorrência. Cartéis são exemplos bem conhecidos de empresas que trabalham em conjunto de modo a limitarem a concorrência. A *co-opetition* [competição cooperativa] tem seu foco na cooperação entre empresas em mercados competitivos. Exemplos de *coopetition* incluem a Apple e a Microsoft, construindo camadas mais próximas em termos de desenvolvimento de software e a cooperação entre a Peugeot e a Toyota com relação a um novo carro que é fortemente caracterizado por um recurso e uma qualidade quintessenciais para a Europa em 2005. (N.T.)

empresas que cooperam em algumas arenas, ao mesmo tempo em que são concorrentes em outras.

Bill Powers, vice-presidente de pesquisa da Ford Motor Company, fez uma palestra em um seminário de instruções específicas sobre gerenciamento na Universidade de Michigan em 7 de agosto de 1998. Ele citou um recente exemplo de competição cooperativa, a formação da Ecostar Electric Drive Systems Company, em 1997, uma aliança entre a Ford, a Daimler-Benz e a Ballard Power Systems para o desenvolvimento de tecnologia de pilha termelétrica. A Ecostar desenvolverá sistemas elétricos avançados de energia que funcionam a bateria e veículos elétricos híbridos, como também aplicações não automotivas. Powers fez uma observação de que "mesmo dentro da competição cooperativa, a concorrência está em plena floração, incluindo a competição cooperativa entre as tecnologias em situações mais críticas." A Ford planeja estar à frente do grupo: "Para nós, a competição cooperativa é mais um meio de atingir vantagem competitiva. Se isso soa como uma contradição, não o é. Isso quer dizer que nós precisamos descobrir como fazer um melhor uso da competição cooperativa do que qualquer um, além disso temos conhecimento de que nosso concorrente estará tentando descobrir a mesma coisa."

O desenvolvimento de um novo produto pode incluir uma tarefa planejada para a pesquisa de meios para a utilização de fornecedores, de canais, assim como outras parcerias, de modo a agregar valor a um novo produto proposto. Começar essa tarefa bem antes que o posicionamento do produto seja completado garantirá que a declaração de posicionamento será beneficiada da melhor tecnologia e processos disponíveis na empresa. A tarefa pode incluir uma revisão de parceiros existentes e de novos parceiros que são apropriados ao produto.

A conquista de novos parceiros pode consumir tempo se a empresa não possuir uma relação bem estabelecida, mas tiver uma forma flexível de estabelecer relacionamentos com novos parceiros. Novas relação quase invariavelmente começarão com contatos pessoais e o progresso inicial dos relacionamentos da empresa dependerá do progresso das relações pessoais. Muitas empresas retêm consultores cujas práticas têm como foco primário a identificação de parcerias apropriadas entre empresas e facilitar a formação desses relacionamentos. Essa forma de mediação pode acelerar a formação de parcerias e produzir muitos benefícios que serão efetuados no período de duração da parceria.

No final das contas, basicamente, a maioria dos relacionamentos de parcerias é documentada em um contrato que requer muita atenção da parte dos departamentos financeiros e jurídicos. O gerente de projeto de desenvolvimento do novo produto ficará interessado em garantir que o contrato contenha disposições para seis aspectos específicos do novo relacionamento: atribuição de responsabilidades, recursos de pessoal, comprometimento de tempo, limites, resolução de disputas, e dissolução.

Atribuição de Responsabilidades

Em uma parceria, uma declaração clara de quem fará o quê e quem fornecerá quais recursos é o meio mais seguro de evitar desentendimentos. Um relacionamento com base em um SOW claro (Statement of Work), Declaração de Trabalho, pode tornar-se insatisfatório, mas um relacionamento com base em um SOW mal feito raramente dá certo e pode ser catastrófico para todas as partes. As seguintes regras podem ser úteis ao elaborar um SOW claro e estabelecer um relacionamento positivo de parceria:

- Distinga claramente entre os requisitos da organização e os extras-opcionais.
- Evite ambigüidade. Especifique necessidades quantitativamente quando possível.

- Não repita requisitos. Isso cria oportunidades para ambigüidade.
- Seja descritivo. Garanta um completo entendimento.
- Não utilize "chavões" como "até o ponto necessário," "como necessário" ou "como aplicável." Descreva a extensão da necessidade, como tal extensão deve ser determinada ou a extensão máxima a não ser excedida.
- Não estabeleça necessidades por meio de indiretas. Seu parceiro pode não compreender a inferência.
- Delimite as necessidades a assuntos de "o quê" e deixe o "como" para seu parceiro.
- Utilize sentenças curtas e diretas.
- Evite utilizar mais de um nome ou de uma descrição para uma idéia.
- Evite deixar assuntos pendentes ou em aberto para acordos posteriores.
- Inclua ilustrações, diagramas, tabelas, quadros etc. no SOW se ajudarem a descrever o trabalho ou as necessidades relacionadas a este.
- Faça com que outras pessoas analisem seu SOW, incluindo terceiros que sejam objetivos, antes de apresentá-lo ao seu parceiro.

No espírito de uma parceria verdadeira, o SOW final deve ser um documento negociado. Dê ao seu parceiro a oportunidade de revisar um esboço do SOW, faça perguntas, esclareça pontos, ofereça melhoramentos e registre objeções. Se ambas empresas forem proprietárias do SOW, as duas estarão comprometidas com seu preenchimento.

Grau de Colaboração

Um acordo de parceria deve ser o mais específico possível em relação ao grau de colaboração esperado entre as pessoas nas duas empresas. Se o acordo é para uma simples fonte ou licenciamento, os requisitos de colaboração não devem ir além das operações de suporte ao consumidor normal do fornecedor. Para que mais esforços criativos sejam obtidos, a colaboração pode incluir o compartilhamento de pessoal, de tecnologia, de processos, de informações e até mesmo idéias não desenvolvidas. Acordos para este tipo de colaboração necessariamente envolverão especificações adicionais a respeito de propriedade intelectual, recursos de pessoal, comprometimento de tempo, além de limites.

Propriedade Intelectual

A propriedade intelectual juntamente desenvolvida entre empresas pode tornar-se uma propriedade de ambas as partes ou uma propriedade conjunta. Caso se torne tal, será então a base para um *joint venture*, uma entidade separada que deve então ter um acordo de parceria, administrando a utilização da propriedade com as empresas que geraram a nova propriedade. Deixar de lado a disposição a respeito da propriedade intelectual desenvolvida juntamente, até o momento em que a nova tecnologia tenha sido desenvolvida, é um convite aberto a desentendimentos e disputas que podem limitar tanto a utilidade como a sobrevivência das parcerias.

Recursos de Pessoal

Um acordo de parceria entre duas empresas pode especificar o número de pessoas que estarão envolvidas em suas atividades, as qualificações das referidas pessoas, o cronograma referente a suas atividades de parceria e as condições sob as quais realizarão seus trabalhos.

Evite chamar pelos nomes indivíduos específicos. Afastamentos de qualquer espécie e postos vagos acontecem e a parceria não precisa ficar dependente dos indivíduos. Todavia, não é nem razoável nem incomum que ambas as empresas participem do processo de seleção para preencher vagas de alto nível em qualquer dos lados das equipes da parceria. Freqüentemente, esta participação inclui autoridade de veto para a parte que precisa trabalhar com a pessoa que está sendo contratada, mas não a empregar.

Comprometimentos de Tempo

Além do tempo necessário para produzir *deliverables* de projeto, a colaboração exigirá compromissos substanciais de tempo do quadro de pessoal de ambas as partes. Reuniões e apresentações podem requerer tempo de preparação que ultrapasse aquele normalmente despendido nas reuniões. A menos que estes compromissos sejam bem compreendidos pelas partes, eles podem gradualmente criar pressões e ressentimentos e podem facilmente vir a causar impacto no desempenho do projeto. Crie um cronograma experimental de reuniões e de apresentações e compartilhe-o com os sócios. Tenha cuidado ao explicar que o cronograma é experimental e pode precisar ser complementado com as reuniões adicionais, à medida que o projeto se desenvolva.

Limites

Especialmente em uma era marcada pela competição cooperativa, os limites de uma parceria devem ser bem definidos e compreendidos por ambas as partes. Os limites podem ser definidos com base em regiões geográficas, mercados, tecnologias, processos, quadro de pessoal, edificações, ferramentas, além de qualquer outro recurso que alguma das partes valorize e deseje retirar da sociedade. Estes limites, assim como as regras que os mantêm, devem ser explicitados muito claramente. A falta de clareza, a transferência de atribuições e uma mentalidade de "não é meu trabalho" podem desgastar e até mesmo acabar com uma boa parceria. Como um sócio, o gerente de projeto garantirá que o pessoal da empresa tratará os limites de propriedade de um sócio com diligência e respeito. A Regra de Ouro é a essência da sociedade. A construção de uma reputação por tratar seus parceiros atuais de maneira justa é o primeiro passo no recrutamento de valiosos novos parceiros.

Resolução de Disputas

Projetos complexos envolvem um alto grau de incerteza. Porém, é certo que surgirão disputas. A maioria delas podem e devem ser facilmente controladas entre os indivíduos envolvidos. Poucas hão de se agravar. A menos que o gerente de projeto tenha planejado alternativas, estas disputas podem resultar em um litígio civil. Nosso sistema judicial tornou-se extraordinariamente custoso e demorado. Registros oficiais tornaram-se inúmeros. Os advogados e os testemunhos de peritos tornaram-se caros. Quanto mais complexa uma disputa, mais difícil de explicá-la a um juiz ou júri. Felizmente, há uma abundância de métodos para Resolução Alternativa de Litígios (RAL) que podem ser utilizados pelos sócios.Desenvolvidas principalmente na indústria de construção, a seguir, apresentamos uma lista parcial de técnicas de RAL atualmente em uso:

Documentos para Lance Judicial	Consultor Neutro
Conselho de Revisão de Propriedade	Conselho de Revisão de Litígio
Mediação	Mediação/Arbitragem
Corpo de Arbitragem	Arbitragem Consultiva
Mediação de Representação	Árbitro Único
Arbitragem de Beisebol	Juiz Privado
Míni-Instrução e Julgamento	Instrução e Julgamento de Júri Sumário
Conferência de Decisão Voluntária	Decisão Especial de Perito

O tempo para lidar com RAL é antes do surgimento de disputas. Pela elaboração de uma RAL em um acordo entre a parceria, muitos dos procedimentos resultam em resoluções que podem ser executadas no sistema judicial, caso isso se faça necessário. Gerentes de projeto conscienciosos conduzirão esta importante consideração.

Dissolução

O projeto de desenvolvimento de novo produto não está totalmente completo até que o produto tenha sido descontinuado. Entre as boas razões para isto está a de que as relações de sociedade freqüentemente transcendem o tempo de vida útil de um único projeto. Na descontinuidade de fabricação ou no suporte com relação a um produto, a própria consideração dos impactos sobre os sócios é uma parte importante da responsabilidade do gerente de projeto. Um momento oportuno para iniciar uma investigação destes impactos é durante a formação da parceria. Passos que podem amenizar os impactos negativos da descontinuidade do produto podem ser inseridos por escrito no acordo da sociedade e executados durante a fase de finalização do produto.

Para parcerias que existirão unicamente para oferecer suporte a um produto específico, o acordo de sociedade pode incluir um conjunto específico de termos e condições sob os quais tal acordo pode ser encerrado. Pela aceitação destas condições contidas no acordo por escrito, podem ser evitados mal-entendidos e o risco de litígio civil fica reduzido.

Produção

A produção é o reino tradicional do gerente de projeto. A produção inclui o projeto do produto e as atividades de design de fabricação. No exemplo dos cremes dentais, este elemento inclui a seleção de ingredientes que não somente produzirão os efeitos para a satisfação do cliente dentro do segmento de mercado-alvo, mas também permitirão que a substância viscosa do creme dental seja efetiva e eficazmente embalada, armazenada e transportada. Com produtos mais complexos, nos quais as técnicas de gerenciamento de projeto tenham sido mais freqüentemente empregadas, os desafios da produção podem parecer portadores de uma magnitude suficiente para ofuscar outras exigências. Não obstante, a vitória na corrida da relação TIME-TO-PROFIT significa o total aperfeiçoamento das atividades que constituem o novo produto.

O gerente de projeto efetivo pode ser proficiente em uma ou mais das tecnologias que são as competências essenciais da empresa. A tendência para direcionar a atenção para essas áreas de especialização deve ser dominada. Em virtude de o sucesso exigir atenção a todas as atividades que compõem o novo produto, o gerente de projeto tem que se tornar completamente empenhado no papel de gerenciamento dos esforços de desenvolvimento e não na sua execução.

Os gerentes de projeto estão acostumados a balancear as dimensões do "triângulo de ferro" formado por: Escopo,

Planejamento e Recursos. Como David Jacob, um veterano gerente de projeto, explica: "os cristãos têm a Cruz, os judeus têm a Estrela de Davi, os muçulmanos têm a Lua e a Estrela, e os gerentes de projeto têm o 'Triângulo de Ferro'".

No desenvolvimento de um novo produto, o escopo é o conjunto de características funcionais mínimo para a satisfação das exigências do segmento de mercado do cliente-alvo. O prazo, numa corrida competitiva da relação TIME-TO-PROFIT, é definido pela eficiência dos competidores no alcance do mercado para seus próprios produtos. Freqüentemente, a restrição de cronograma é desconhecida até depois que a disputa tenha sido ganha. Porém, mais cedo é normalmente melhor que mais tarde. Estabelecido um escopo rígido e um tempo restrito, o gerente de projeto deve usar cada recurso disponível, fazer uso efetivo desses recursos, e se assegurar de que toda despesa com recursos leva o projeto mais próximo de sua conclusão. Além das técnicas de gerenciamento de projeto e das técnicas gerais de gerenciamento, uma empresa empregará qualidade industrial, até mesmo qualidade empresarial, ferramentas e técnicas próprias, que lidam com as tecnologias envolvidas em um novo produto. O melhor desempenho será resultado da integração de todas as ferramentas disponíveis.

As fontes de inovação podem ser sistemáticas ou coincidentes. Controlar recursos para tarefas de entendimento das exigências do cliente, organizar um projeto de desenvolvimento, e controlar execução bem-sucedida do projeto são resultados que dependem da execução cuidadosa das atividades planejadas. O gerenciamento de projeto advém de uma história significativa de ferramentas, técnicas, e disciplinas para garantir o sucesso do projeto em todas as três dimensões do "triângulo de ferro".

As forças de produção de uma empresa surgirão de suas próprias competências tecnológicas e da rigidez dos seus procedimentos de desenvolvimento, também surgirão das competências e procedimentos de seus sócios, e das sinergias geradas pela integração das competências dos sócios. O sucesso do desenvolvimento do novo produto dependerá do gerenciamento efetivo destas competências. Através da elaboração de procedimentos efetivos para a integração de valores fornecidos pelos sócios aos produtos da empresa, os gerentes de projeto podem ampliar imensamente os recursos disponíveis para seus projetos.

Processamento

O processamento inclui compra de componentes e subsistemas, fabricação, inventários, processamento de pedido, embarque, faturamento, e cobrança. Considerando que um novo produto requer modificações de procedimentos existentes, ou a criação de procedimentos inteiramente novos, estas modificações e criações devem constar no planejamento e na implementação do projeto. O gerenciamento de fontes de suprimento através de todos os processos e transações entre as matérias-primas e as peças ou componentes acabados foi um teste sério em relação às habilidades de gerenciamento de projeto. Felizmente, eventos recentes trouxeram tecnologia para gerenciar este problema e forneceu uma solução excelente chamada gerenciamento da cadeia de suprimento.

Desde que um anel de vedação fornecido pela Morton-Thiokol resultou no desastre da Challenger, o gerenciamento da cadeia de suprimento se tornou uma disciplina crescentemente importante. O fracasso da Nasa em integrar adequadamente as limitações aos critérios de lançamento de sua missão é um exemplo clássico das dificuldades de comunicação em ambientes complexos com que lida o gerenciamento da cadeia de suprimento.

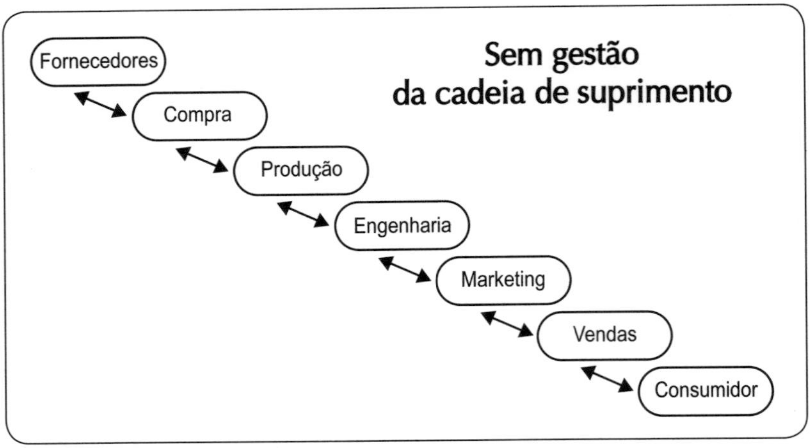

FIGURA 3.4 COMUNICAÇÃO SEM GERENCIAMENTO DA CADEIA DE SUPRIMENTO

O gerenciamento da cadeia de suprimento permanece como relação estratégica através da cadeia de valor e inclui compartilhamento de informações, estratégias competitivas baseadas em tempo, e infra-estrutura da tecnologia da informação. Sem gerenciamento da cadeia de suprimento, a informação flui em ambas as direções entre ligações adjacentes na cadeia de suprimento, conforme ilustrado na Figura 3.4. As informações desenvolvidas para qualquer finalidade na cadeia de suprimento precisam passar por todas as ligações intervenientes para alcançar a outra extremidade. Isso cria atraso e distorção. Esse modelo de sistema é freqüentemente complementado com comunicação informal, o que depende de relações pessoais ou do reconhecimento de que os participantes do projeto têm uma necessidade urgente de saber.

Com gerenciamento da cadeia de suprimento, a informação desenvolvida em qualquer ligação da cadeia é imediata e simultaneamente disponibilizada para os processos de tomada de decisão em qualquer outra ligação, conforme ilustrado na Figura 3.5. Esse modelo novo formaliza os canais de comunicação informal desenvol-

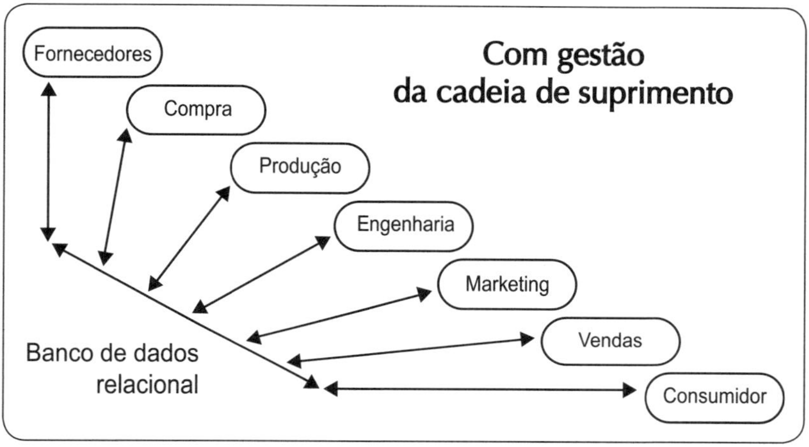

FIGURA 3.4 COMUNICAÇÃO COM GERENCIAMENTO DA CADEIA DE SUPRIMENTO

vidos no modelo precursor e os divulga através de todos os participantes.

O gerenciamento da cadeia de suprimento dá certo devido a mudanças nas tecnologias de informação que lhe servem de base. Elas se tornaram efetivas, confiáveis, disponíveis, e relativamente fáceis de usar. Os gerentes de projeto que não estão familiarizados com as tecnologias devem, no mínimo, se familiarizar com a terminologia do gerenciamento da cadeia de suprimento, incluindo:

PRC	Programa de Reabastecimento Contínuo (CRP Continuous Replenishment Program)
REC	Resposta Eficiente do Consumidor (ECR Efficient Consumer Response)
TED	Troca Eletrônica de Dados ou de Documentos (EDI Electronic Data Interchange)
TEF	(Sistema de) Transferência Eletrônica de Fundos (EFT Electronic Funds Transfer)
JIT	Fabricação dentro do Cronograma (JIT Just-In-Time manufacturing)
LAN	Rede de Área Local – (LAN Local Area Network)
PV	Ponto de venda – (POS Point of Sale)

SGBDR	Sistema de Gerenciamento de Banco de Dados Relacional (RDBMS Relational Database Management System)
WAN	Rede de Longa Distância (WAN Wide Area Network)

A coordenação das atividades que são visíveis ao cliente ou que podem ter um impacto na impressão que um novo produto causa ao cliente, é um ingrediente essencial na obtenção rápida do lucro. O endosso de clientes satisfeitos é a promoção mais efetiva que um novo produto pode ter. Os comentários de descrédito de clientes insatisfeitos, por outro lado, podem ter conseqüências devastadoras que podem ter mais valor do que os impactos de todos os outros esforços de promoção. A vitória na disputa pela oportunidade de lucro significa o aperfeiçoamento de todas as atividades relacionadas ao novo produto.

A tecnologia da informação pode ser extraordinariamente útil no gerenciamento das expectativas do cliente. Por exemplo, a Amazon.com, inclui na descrição de cada livro, a informação sobre o tempo de envio de um livro, uma vez que a compra tenha sido efetuada. Pedidos de livros são rapidamente informados por correio eletrônico. Na mensagem, há informação completa sobre o pedido e também ofertas da Amazon para serviços adicionais. Uma vez que um pedido é despachado, uma segunda notificação é enviada, a qual fornece informação para rastrear o pedido através da DHL Worldwide Express, Purolator, ou UPS e um website para que essa informação seja utilizada e para que o rastreamento do pedido seja feito junto ao departamento de atendimento ao cliente e que seja possível localizar o progresso desde a remessa até sua entrega.

Acondicionamento

O acondicionamento não deve ser confundido com a embalagem. Enquanto a embalagem é o que nos permite distinguir uma marca de sabão de outra no supermercado, o acondicionamento pode trazer muito mais para a diferenciação do produto. No exemplo dos cremes dentais, a embalagem pode oferecer ao consumidor a facilidade de retirar o creme de dentro do tubo de maneira inigualável, e induzir muitos consumidores a experimentar a nova embalagem. Em planejamento de projeto se considera que o acondicionamento:

- pode ser usado para diferenciar um produto de seus concorrentes;
- deve proteger um produto através do canal de distribuição;
- deve ser prático para os canais de distribuição;
- deve ser prático para o cliente, e
- pode estabelecer ou valorizar a imagem da marca.

O acondicionamento também se refere a embalar, empacotar. A série de processadores da Intel constitui uma linha de produto. Antigamente, entretanto, consumidores viam o processador Intel como uma peça, embora importante, de embalagem muito mais elaborada, um microcomputador. É provável que o mesmo inclua um arranjo de hardware, um sistema operacional, programa de aplicativos, e assinaturas para teste gratuito em várias redes de provedores de acesso à Internet. Na realidade, o processador Intel é de pequeno uso sem ao menos a parte principal das outras peças com as quais é normalmente embalado. Aqui o gerente de projeto reconhecerá que o seu projeto é apenas parte de um programa maior, ou de muitos programas maiores, e que o seu projeto deve ser coordenado com programas maiores para oferecer o melhor valor possível.

Através de acondicionamento personalizado para clientes específicos, um produto generalizado pode assumir a aparência de ter sido feito sob encomenda. Canetas Cross, Hallmark, e Mont Blanc, por exemplo, são freqüentemente vendidas com canal ou até clipes específicos para o cliente que lhes dão a aparência de serem produtos feitos sob encomenda.

Uma combinação interessante de embalagem, acondicionamento, e promoção em comum aparece agora na parte externa de muitos microcomputadores novos. A identificação "IntelInside" permite ao fabricante do microcomputador se beneficiar dos esforços de promoção extensos e caros da Intel. A Intel ganha porque a promoção mantém a impressão de que os processadores da Intel são superiores, ou pelo menos mais seguros do que os do concorrente. Se os consumidores estivessem menos atentos a qual processador está dentro da embalagem, eles poderiam se preocupar menos e não estarem dispostos a pagar um alto preço pela marca Intel.

Fixação de Preços

Para cada cliente potencial, existe um preço "certo", por exemplo, um cliente que tem diversas folhas de papel para juntar tem diversas alternativas a escolher para prendê-las: grampos, clipes, pasta de arquivo, capas de papel, capas de vinil e, até mesmo, capas de couro. Cada alternativa alcança a mesma função física, mas, cada uma delas, de maneira diferente. As diferenças possuem valores diferentes na opinião do cliente e, conseqüentemente, o cliente está disposto a pagar preços diferentes. A utilização de uma pasta de couro para guardar os relatórios da produção da última semana será, provavelmente, considerado muito caro para a maioria dos clientes. Já a utilização de um grampo para juntar as folhas de uma apresentação de vendas de um importante prospecto de vendas corporativo provavelmente será considerado muito barato. Cada um de nós faz inúmeros julgamentos sobre o valor estabelecido todos os dias, mesmo sem realmente pensar sobre isso.

O preço certo para um cliente será uma função de sua percepção subjetiva do valor recebido. Cobrar muito acima do preço certo será considerado muito caro. O cliente não verá o valor recebido como sendo válido o custo. Cobrar muito abaixo do preço correto será considerado muito barato. O cliente considerará o valor recebido menor do ele pode ser porque o preço não reflete o valor mais alto. A menos que o preço esteja dentro da faixa desejável para o segmento alvo do mercado, haverá poucas vendas.

Produtos inovadores podem se deparar com uma outra dificuldade com relação ao preço. Para os clientes potenciais, os quais estão acostumados a satisfazer as suas necessidades de uma maneira familiar e confortável, uma inovação pode ser considerada como uma perturbação indesejada a um costume de grande valia.

Um produto fundamental na pesquisa de mercado é a fixação de preços certa para cada um dos segmentos de mercado em que o novo produto será vendido. Conseqüentemente, a pesquisa de mercado que determina a sensibilidade do preço dentro do grupo pretendido de compradores potenciais deve ser concluída antes da finalização do conceito do produto. Entre as dificuldades da realização desta pesquisa temos o fato de que os compradores potenciais podem não estar cientes, de forma consciente, sobre as suas próprias percepções de valor. Os corretores residenciais estão cientes de que os "compradores são mentirosos". O que as pessoas falam que querem em uma casa, e o que acabam comprando são, normalmente, muito diferentes. Os clientes nem sempre estão cientes do que eles querem ou o que eles estão dispostos a pagar. Eles podem não saber expressar o que eles querem ou como isto trará valor para eles, e podem, até mesmo, negar o que querem ou o motivo pelo qual realmente querem.

Devido ao fato de que o preço pode ter um impacto dramático sobre tantas outras escolhas que devem ser feitas, a fixação de preços deve ser ter alta prioridade no início de um projeto. As atividades de fixação de preços possuem a sua própria estrutura analítica de projeto, envolvendo pesquisa de mercado, análise competitiva e cálculo de custos. Os gerentes de projeto reconhecerão que estas atividades devem ser programadas em conjunto com outras atividades de desenvolvimento e que as informações aprendidas em outras partes do projeto de desenvolvimento de produto devem ser comunicadas aqui. Um gerente de projeto cauteloso tomará medidas, também, para garantir que a pesquisa de mercado não seja tendenciosa ou validada independentemente antes de permitir que uma empresa faça um grande investimento em um novo produto que atrairá um segmento de mercado não penetrado anteriormente.

PROMOÇÃO

As atividades promocionais são freqüentemente conduzidas muito antes da disponibilidade do produto, a promoção agressiva da Microsoft meses, e até mesmo anos, antes das datas de lançamento planejadas, é prova disso. Normalmente, esta técnica é válida apenas para jogadores dominantes em mercados estabelecidos. As promessas de empresas de arranque abundam e raramente são levadas seriamente se o tempo de espera levar mais do que algumas semanas. A disciplina da gerência de produtos é necessária para garantir que haja uma congruência entre as promoções e os produtos; que a publicidade prometa o que o produto será capaz de entregar. Sem esta congruência, as questões de credibilidade destruirão não só a oportunidade de vender novos produtos, mas, também, a reputação da empresa. Uma reputação prejudicada, por sua vez, pode ter impactos negativos sobre as relações com fontes de capital, fornecedores, e canais de marketing, assim como com clientes, certamente. Fazer e manter promessas, de forma consistente, é a forma como as reputações são construídas. Isto é tão verdadeiro para as empresas como o é para os gerentes de projeto de desenvolvimento de produtos.

As atividades promocionais são amplamente classificadas como anúncio, venda pessoal e promoção de vendas. Cada uma destas apresenta vantagens e desvantagens distintas. O gerente de projetos, interessado em alcançar a lucratividade do produto, deve estar ciente da variedade de alternativas promocionais disponíveis e das vantagens e desvantagens que cada uma pode oferecer.

Os anúncios incluem meios impressos e de transmissão, assim como a Internet. A vantagem de anunciar é que ela pode alcançar muitos clientes potenciais rapidamente e a custos relativamente baixos por exposição. Infelizmente, muitas pessoas atingidas podem não ser clientes potenciais para um novo produto. As exposições provavelmente serão breves, assim, as mensagens devem ser simples. O anúncio oferece grande flexibilidade de mídia e pode ser usado para alcançar uma grande variedade de objetivos de promoção. É particularmente eficaz para estabelecer a identidade da marca. A alta visibilidade proporcionada pelo anúncio também torna um novo produto mais suscetível a críticas pelos concorrentes.

A saga de Andy Granatelli e da STP Oil Treatment mostra que anunciar pode, por um tempo, vender um produto por muito mais do que seu valor intrínseco. Sob a égide de Granatelli, a STP desenvolveu um mercado jamais existente anteriormente. Ela vendeu produtos e reinvestiu os lucros em mais anúncios. Ela repetiu a espiral até que o custo de anunciar uma lata de STP fosse maior do que o custo da produção de uma lata de STP. Finalmente, o mercado decifrou o quebra-cabeças e as rendas da STP começaram a cair. Com lucros em queda e pequenas reservas em caixa, a STP faliu rapidamente. O padrão é, freqüentemente, repetido, embora menos espetacularmente. A aspirina, os cereais matinais, o sabão em pó, e inúmeros outros produtos são vendidos em quantidades maiores de seu custo de produção através de anúncios agressivos.

A venda pessoal pode ser a ferramenta de promoção mais eficaz e persuasiva. Ela também proporciona a oportunidade de obter *feedback* dos clientes, que pode ser inestimável na identificação de melhorias futuras adequadas ao produto. A venda pessoal é, normalmente, a única técnica de promoção eficaz para produtos altamente complexos, mas ela é muito cara. Os custos com treinamento e motivação do pessoal de vendas e o número limitado de contatos com o cliente dão à venda pessoal o mais alto custo por contato. As apresentações de venda executadas de forma insatisfatória podem comprometer a imagem da empresa e da venda.

As promoções de vendas incluem descontos em volumes, cupons, abatimentos e ofertas especiais. Elas são freqüentemente eficazes para impulsionar o volume em curto prazo e as rendas e para obter participação no mercado. Porém, os efeitos são, freqüentemente, temporários. Em virtude dos clientes existentes poderem tirar vantagem das promoções de vendas para fazer estoque, as promoções de vendas podem ser seguidas por vendas enfraquecidas. O uso em excesso dessas promoções pode comprometer a imagem da empresa ou do produto.

O escopo e a passagem da promoção para um novo produto dependerá da consciência da necessidade no segmento de mercado ao qual se destina e da riqueza que os benefícios do novo produto irá oferecerá para os clientes. Caso o novo produto represente uma solução melhorada de aumento para uma necessidade que o mercado já reconhece, a promoção pode focar nas melhorias porque uma solução da linha de base já está estabelecida na mente dos compradores. Se, ao contrário, o novo produto representar uma solução totalmente nova, a promoção deve tanto superar a tendência em benefício do que já é conhecido quanto educar o mercado sobre o paradigma da nova solução e suas características presumivelmente superiores.

Colocação

A identificação dos canais de distribuição adequados e eficazes tem sido, freqüentemente, essencial para o sucesso ou fracasso do produto. Conforme mencionado anteriormente, ser o primeiro no mercado com um novo produto vencedor parece oferecer um campo mais amplo de escolha dos canais de distribuição. Pode atrair, também, o mais alto nível de atenção e esforço de comercialização dos canais selecionados. A seleção dos canais de comercialização pode exercer, também, um papel fundamental na diferenciação do produto.

Considere o mercado de computadores pessoais e as diferenças entre os canais de distribuição selecionados por dois concorrentes principais, a Dell e a Compaq. Ambas as empresas mantêm forças de vendas diretas que comercializam para contas comerciais de grandes volumes. Suas abordagens para o mercado consumidor, porém, são bem diferentes. Antes de 11 de novembro de 1998, a Compaq comercializava seus produtos apenas através de lojas a varejo. Os produtos da Compaq estão disponíveis onde quer que microcomputadores sejam vendidos. O website corporativo da Dell é bem claro sobre a sua abordagem de comercialização tão diferente:

> "Uma visão focada fez da Dell líder mundial direta de sistemas de computadores, com 20.800 empregados em 42 países. Um conceito audacioso – **contato direto com o cliente** – fez da Dell uma das mais bem-sucedidas empresas da década de 1990."

A Dell não usa canais de varejo, preferindo construir relacionamento direto com os clientes. Os últimos desempenhos financeiros das duas empresas, ilustrados na Figura 3.6, revelam algumas comparações interessantes:

* Ano	1997		1996	
	Compaq	Dell	Compaq	Dell
Receita	24.584	12.327	20.009	7.759
Taxa de crescimento	22,9	58,9	20,0	46,5
Custo dos produtos vendidos	17.833	9.605	14.855	6.093
% da receita	72,5	77,9	74,2	78,5
Venda, geral e administrativo	2.947	1.202	2.507	826
% de rendimento	16,5	12,5	16,9	13,6
Lucro líquido	1.855	944	1.318	518
% de rendimento	7,5	7,7	6,6	6,7
Taxa de crescimento	40,7	82,2	47,6	99,2

**O exercício social da Dell termina próximo a 1 de fevereiro do ano subseqüente. Valores em US$.*

FIGURA 3.6 DESEMPENHO FINANCEIRO DA COMPAQ E DA DELL

Os custos de venda da Dell estão atualmente mais baixos do que os da Compaq. A Dell investe em dólares mais do que a Compaq, mas tenta manter o máximo do rendimento como lucro. Os índices de crescimento da Dell, tanto para rendimento quanto para lucros, devem justificar uma atenção à sua estratégia de comercialização. Agora que a Compaq está comercializando direto para clientes também, eles estão na posição desagradável de competir com os seus próprios canais de distribuição, os pontos de revenda a varejo, dos quais dependem para a maioria de seu volume de vendas.

Quer um novo produto empregue canais de comercialização existentes ou exijam o desenvolvimento de novos canais, a relação total TIME-TO-PROFIT deve incluir o tempo necessário para preparar estes canais para a distribuição do produto. Para que os canais de comercialização estejam disponíveis, deve-se incluir a criação da consciência do novo produto, treinamento de vendas e incentivos para estocar em inventário. Os canais devem compreender as funções e as características do produto, como ele é diferenciado dos concorrentes e quais são as características de seu mercado alvo.

A determinação do nível correto para estoques de um novo produto é difícil porque o tamanho do mercado e a velocidade de adoção que resulta nas vendas não podem ser precisamente previstos. Como vimos com o Nicoderm, o não suprimento, de forma adequada, de um mercado em expansão pode resultar na perda da participação no mercado, obtida por ser o primeiro a comercializar. A capacidade para atender a demanda pode depender tanto dos canais de comercialização quanto da capacidade de produção.

O gerente de projeto deve aplicar experiência e disciplina para garantir conformidade e coordenação da seleção de canais, recrutamento, treinamento e gerenciamento de estoque. Uma atenção cuidadosa a este esforço coordenado economizará tempo na relação TIME-TO-PROFIT.

Satisfação

Um serviço de atendimento ao cliente aceitável é o resultado de produtos desenvolvidos para durar. Os projetos duráveis, por sua vez, são o produto dos projetistas de produtos que entendem os ambientes do consumidor. Os critérios adequados de projeto incluirão não apenas os custos que se tornam parte do preço de venda de um produto, mas os custos que o cliente pagará para operar e mantê-lo após o ter comprado. A soma de todos estes custos é chamada de Custo Total de Propriedade (TCO).

As companhias aéreas comerciais oferecem ilustrações claras do impacto do TCO. O caso DC-10 da McDonnell Douglas é particularmente interessante: ele foi desenvolvido para competir com o Boeing 747. O seu primeiro vôo ocorreu em agosto de 1970, e ele passou a operar com a American Airlines e com a United Airlines em 1971. A recuperação dos custos do desenvolvimento da aeronave exigiria uma produção de 400 aviões.

Os procedimentos da manutenção de rotina para inspeção e lubrificação da conexão do pilar do motor da asa do DC-10 deveriam ser realizados a cada 20.000 horas operacionais e exigiriam 400 horas de trabalho para serem executados. Com o conhecimento da McDonnell Douglas, a American Airlines desenvolveu uma maneira para realizar a inspeção na metade do tempo e utilizou o novo método mais de 40 vezes antes de 25 de maio de 1979.

Naquela data, um vôo da American Airlines, de Chicago para Los Angeles, se chocou no solo do aeroporto em Chicago, matando 271 pessoas entre tripulação e passageiros, e duas pessoas em terra. O motor esquerdo tinha caído do avião, danificando a asa e retraindo os flaps no processo.

No dia 6 de junho, a Administração Federal da Aviação determinou a manutenção em terra de toda a frota de DC-10s, custando aos clientes da McDonnell Douglas um total estimado de US$5 milhões a US$7 milhões por dia, de rendimentos perdidos.

O presidente da McDonnell Douglas foi convidado a comparecer perante o subcomitê do Senado dos Estados Unidos em julho, onde foi questionado sobre a sabedoria de projetar um pilar montado sobre o motor "perfeitamente seguro". Sua resposta foi:

> "... é contrário ao conceito de projetar e produzir mecanismos eficientes... Não acredito que o projeto da aeronave devesse estar indevidamente comprometido a certos cuidados – se um cara pretende abusar, se aquilo vai ocorrer. Se você tiver esta filosofia em todo o avião, você jamais vai tirá-lo do solo".[30]

A McDonnell Douglas, ao estabelecer o "projeto e produção de mecanismos eficientes" frente às exigências operacionais do cliente acrescentou 273 vidas e mais de US$200 milhões de rendimentos perdidos ao Custo Total de Propriedade de seus clientes. No dia 21 de dezembro, o Conselho Nacional de Segurança de Transporte (National Transportation Safety Board) emitiu um relatório que dizia:

> "A McDonnell Douglas deveria ter previsto que os pilares seriam retirados, e... deveriam ter ... projetado (a montagem do pilar) para eliminar, ou, pelo menos, minimizar, a vulnerabilidade aos danos... a operação de manutenção, independente do procedimento usado, seria de difícil execução e estaria particularmente vulnerável a erros de produção de danos. Portanto, o

30 Depoimentos perante o Subcomitê do Comércio, Ciência e Transporte, Senado dos EUA, 11 e 12 de julho de 1979, pp. 74, 76.

Conselho de Segurança conclui que o projeto básico da conexão traseira do pilar da asa era desnecessariamente vulnerável ao dano de manutenção."[31]

Nos meses seguintes, diversas encomendas para os novos DC-10s foram canceladas e as novas encomendas caíram para 10 em 1980. Em 1990, quando o DC-10 foi substituído pelo MD-11, somente 446 aviões tinham sido fabricados. O MD-11, por acaso, é surpreendentemente semelhante ao DC-10, com duas exceções dignas de serem observadas. As asas e as conexões do motor do novo avião foram radicalmente reprojetadas. O novo avião também possui uma cabina (cockpit) altamente automatizada que permite o funcionamento com uma tripulação de duas pessoas, ao invés das três exigidas para operar o DC-10, um outro reconhecimento da importância do Custo Total de Propriedade dos clientes.

Em 6 de março de 1997, a McDonnell Douglas anunciou que selecionou um complexo aeroportuário próximo a Phoenix, Arizona, como um centro principal para a conversão dos jatos para vôos comerciais DC-10 para jatos de carga MD-10 com tecnologia avançada para uso pela Federal Express. A instalação para conversão, que inclui mais de 80.000 m^2 de espaço em hangar e 21.000 m^2 de loja de apoio e espaço para escritório, é um monumento aos custos de não fazer as coisas certas na primeira vez.

O serviço de atendimento ao cliente recebeu, justificadamente, notável atenção em recentes livros e revistas, bem como informativos, sobre o sucesso do produto. Estes indicam que um cliente não satisfeito é capaz de comunicar a sua insatisfação a cerca de 10 a 20 outros clientes potenciais. Isto é quase o triplo do número que um cliente

31 Conselho Nacional de Segurança de Transporte, Relatório de Acidente de Aeronave, 21 de dezembro de 1979, p. 56.

satisfeito atuará como referência para um produto. As penas por permitir que um cliente insatisfeito permaneça insatisfeito são severas.

As exigências para construir e operar um serviço de atendimento eficiente ao cliente vão além do escopo deste livro. O que está dentro do escopo atual é indicar que uma operação adequada de serviço de atendimento ao cliente é parte e parcela do produto. O serviço de atendimento ao cliente deve, portanto, ser uma parte do projeto de desenvolvimento do produto. Quando o primeiro cliente tem a primeira oportunidade de se tornar menos do que satisfeito com o novo produto, o serviço de atendimento ao cliente deve estar pronto e atento para restabelecer a confiança do cliente no produto e na empresa que o forneceu. O teste final do planejamento, programação e monitoramento do gerente de projeto é a reação do primeiro cliente que liga para o serviço de atendimento ao cliente.

Conclusão

Como em todo projeto, o trabalho concomitante em cada origem de valor no **Ten-P Paradigm**™ em um projeto de desenvolvimento de produto de relação TIME-TO-PROFIT gera complexidade e risco e talvez não cause uma redução no tempo total alocado ao projeto. Gerentes de projeto praticam a arte de equilibrar o triângulo formado por abrangência, orçamento e cronograma. Na corrida da relação TIME-TO-PROFIT, o braço do triângulo relacionado ao cronograma tem de receber a mais alta prioridade. Em muitas empresas, o braço do orçamento tem de ser otimizado. A abrangência, as características e funções incluídas neste novo produto, será o resultado dos outros dois braços. O trabalho do gerente de projeto é garantir que a comunicação e a coordenação minimizarão os custos, bem como os impactos negativos da abrangência de esforços simultâneos. Ao mesmo tempo, ele deve produzir resultados no menor prazo possível.

A garantia de que os programas de desenvolvimento proporcionarão o melhor resultado possível requer técnicas específicas para a geração de novas idéias para produtos, para organização dos projetos de desenvolvimento, e para monitoração do desenvolvimento do produto durante todo o ciclo de vida dele. Essas questões são discutidas no Capítulo Quatro.

Capítulo 4

A Metodologia de Desenvolvimento Escalonado TIME-TO-PROFIT

A METODOLOGIA DE DESENVOLVIMENTO ESCALONADO TIME-TO-PROFIT

Este capítulo descreve a metodologia de desenvolvimento escalonado que pode produzir novos produtos de forma previsível e com uma razão custo-benefício favorável. Ele nos fornece a diretriz para o gerenciamento do desenvolvimento de produto a partir de uma perspectiva de gerenciamento de risco e gerenciamento de portfólio.

A corrida da relação TIME-TO-PROFIT é disputada em uma pista com quatro segmentos. Os atletas ganham as corridas por serem os que a iniciam com mais rapidez ou aqueles que correm mais rapidamente durante as retas ou ainda os que conseguem fazer as curvas com maior agilidade. Às vezes, esses corredores ganham porque sua estratégia é serem competitivos em todos os quatro segmentos da corrida. A empresa de desenvolvimento de produto se vê frente a frente com oportunidades similares a estas.

A corrida de relação TIME-TO-PROFIT é constituída de quatro estágios distintos, conforme ilustrado na Figura 4.1, são eles: desenvolvimento, elaboração, adaptação e competição. Cada segmento exige diferentes atividades, qualificações e táticas. Uma estratégia de corrida visando o sucesso será a que integrar todas as quatro atividades.

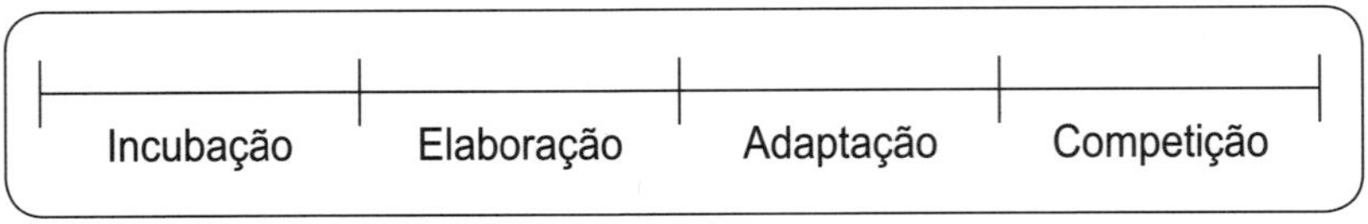

FIGURA 4.1 ESTÁGIOS DE DESENVOLVIMENTO DE PRODUTO

As novas idéias de produtos são frágeis, vulneráveis, indefesas e suscetíveis. A taxa de mortalidade infantil para as novas idéias é quase igual à taxa de mortalidade para filhotes de jacaré. "Os filhotes de jacaré permanecem agrupados em 'cachos', pelo menos durante o primeiro inverno de suas vidas, e podem permanecer na área circunvizinha ao seu ninho por um período de dois a três anos. As fêmeas continuam a defender seus filhotes até o verão seguinte. Os primeiros dois anos são os mais cruciais na vida de um jacaré, 80% ou mais são vítimas de pássaros aquáticos, do guaxinim, linces, lontras, cobras, parcas gigantes, e mesmo de jacarés adultos. Logo que um jacaré alcança o comprimento de aproximadamente 1,20 m, ele pode se considerar relativamente seguro com relação aos seus predadores, mas ainda pode ser vítima de canibalismo."[32]

As idéias para novos produtos são extremamente frágeis. Podem ser aniquiladas por um sorriso, um riso abafado, uma gargalhada, uma cara de reprovação, uma censura, ou qualquer outro sinal de desaprovação. Se as idéias para novos produtos não são rapidamente transportadas a um ambiente acolhedor e seguro, elas irão desaparecer com a mesma rapidez com que apareceram. Tomando como exemplo as táticas dos jacarés, a empresa de desenvolvimento de produtos que quiser ser bem-sucedida construirá um berçário para as novas

32 Dados de "American Alligator" e "Living With Alligators", publicados pela Florida Game and Fresh Water Fish Commission.

idéias de produto, colocando-as juntos em um local onde possam ser alimentadas, estimuladas e protegidas contra forças cruéis que podem facilmente destruí-las. Intranets e sistemas que incluem bancos de dados colaborativos proporcionam uma oportunidade de construir uma incubadora exatamente desse tipo. As empresas podem utilizar essas tecnologias para construir um repositório para novas idéias de produtos. Registradas em um lugar seguro, tal como o banco de dados de "idéias" da empresa, acessível aos funcionários da empresa, mas protegidas de intrusos, principalmente de concorrentes, as novas idéias para produtos podem se misturar, podem servir de apoio umas as outras, e dessa forma, florescer.

Não se deve tentar limitar ou restringir a entrada de novas idéias neste banco de dados. A empresa pode optar por solicitar informação adicional do gerador da nova idéia, mas a apresentação original da idéia deve ser registrada no banco de dados, mesmo antes de qualquer pedido de esclarecimento ser feito. Não existe nenhuma idéia para um novo produto que seja ruim.

A base de dados de novas idéias sobre produtos é um **patrimônio** valioso e deve ser guardado, alimentado e valorizado, de forma tão reverente como quanto à classificação de valores acionários.

As idéias irão emergir deste berçário em um mundo competitivo através da metodologia de desenvolvimento escalonado, que será discutida ainda neste capítulo. Estas idéias emergentes não precisam ser expelidas da incubadora. Ao contrário, podem, freqüentemente, ser a fonte de idéias para outros novos produtos que devem ser capturadas e registradas no banco de dados de idéias da empresa. Entretanto, as idéias dos produtos devem competir umas com as outras, em busca dos recursos para seu desenvolvimento. A cada revisão de passagem, elas devem produzir algo que se possa entregar e devem satisfazer critérios rígidos previamente estabelecidos para poderem continuar sua jornada em direção à lucratividade. Como jovens jacarés, os projetos de desenvolvimento de novos produtos são vulneráveis ao canibalismo.

As poucas idéias de produtos que sobrevivem a este período de desenvolvimento ainda não estão imunes aos predadores. Tanto os concorrentes quanto os consumidores volúveis podem destruir o lucro potencial de um novo produto se este não tiver a capacidade de se adaptar rapidamente a vários tipos de ambientes. Esta atividade de desenvolvimento de produtos não se encerra com o lançamento de um novo produto. Muito pelo contrário, há que se responder ao *feedback* positivo ou negativo do mercado e criar condições de adaptação às novas demandas, de forma a atingir o estágio de lucratividade. Quando um novo produto alcança o estágio de ser lançado ao mercado, seu fabricante já fez um investimento substancial. Abandonar o desenvolvimento do produto neste ponto fará com que um grande percentual do lucro potencial seja desperdiçado. As melhorias nos produtos, realizadas principalmente em virtude das respostas dos clientes, podem representar a diferença entre apenas recuperar os custos de desenvolvimento e receber os grandes lucros que sustentarão o crescimento da empresa.

Qualquer que seja o sucesso posterior de determinado produto, sua lucratividade será precursora da obsolescência do produto. Se for possível construir uma ratoeira melhor, em uma economia global de quase seis bilhões de pessoas, alguém irá construí-la. A obsolescência é inevitável. A escolha que a empresa pode fazer, entretanto, está entre investir os lucros de um bom produto no novo produto que irá suplantá-lo ou deixar que os concorrentes passem a canibalizá-lo. Apesar de os jacarés adultos terem poucos predadores naturais, eles não vivem para sempre.

O ciclo de vida de um produto encontra-se dividido em quatro estágios: desenvolvimento, elaboração, adaptação e competição. Cada um destes estágios tem várias outras fases em seu próprio ciclo de vida. A figura 4.2 ilustra os estágios, as fases e os papéis que cada uma das fontes **Ten-P Paradigm**™ desempenham no desenvolvimento de um produto. Ela especifica as fontes de valor com participação obrigatória (O) ou eletiva (E), em cada uma das fases. Em estágios posteriores, algumas fontes de valor são proibidas (P) de participar, pois estes aspectos do desenvolvimento precisam ser estáveis durante as fases mais avançadas.

A passagem de uma fase à seguinte é acompanhada por uma revisão de passagem de fase. Nessa revisão, os aspectos que podem ser entregues, da fase anterior, são registrados e avaliados em relação aos critérios estabelecidos antes dessa fase ter começado. As novas informações, e principalmente as novas questões, também são registradas e avaliadas.

A abrangência, o cronograma, e o orçamento propostos para a fase subseqüente são igualmente apresentados nessa revisão. A decisão de prosseguir com um projeto não deve ser feita se os aspectos mercadológicos da fase precedente não satisfizerem os critérios estabelecidos. Uma decisão de avançar também não deve ser tomada se não houver disponibilidade de recursos adequados para a fase subseqüente.

		Posicionamento	Planejamento	Parcerias	Produção	Processamento	Pacote completo	Precificação	Promoção	Posição/posto	Prazer/satisfação
FASE DE DESENVOLVIMENTO	1										
Captura da idéia	1.1	E	O	E	E	E	E	E	E	E	E
Desenvolvimento da idéia	1.2	E	O	E	E	E	E	E	E	E	E
Conceitualização do produto	1.3	O	O	O	E	E	E	E	E	E	E
Investigação preliminar	1.4	O	O	O	E	E	E	E	E	E	E
Investigação detalhada	1.5	O	O	O	O	O	E	O	E	E	E
Desenvolvimento preliminar	1.6	O	O	O	O	O	O	O	O	O	O
FASE DE ELABORAÇÃO	2										
Desenvolvimento do produto Alfa	2.1	P	O	O	O	O	O	O	O	O	O
Produção de Alfa	2.2	P	O	O	O	O	O	O	O	O	O
Teste e validação	2.3	P	O	O	O	O	O	O	O	O	O
Teste de mercado	2.4	P	O	O	O	O	O	O	O	O	O
FASE DE ADAPTAÇÃO	3										
Modificação do desenho	3.1	O	O	O	O	O	O	O	O	O	O
Desenvolvimento do produto Beta	3.2	P	O	O	O	O	O	O	O	O	O
Produção	3.3	P	O	O	O	O	O	O	O	O	O
Teste e validação	3.4	P	O	O	O	O	O	O	O	O	O
Mercado	3.5	P	O	O	P	O	O	O	O	O	O
FASE DE COMPETIÇÃO	4										
Entrega e suporte	4.1	P	O	O	P	O	O	O	O	O	O
Interrupção de fabricação do produto	4.2	P	O	O	P	O	O	O	O	O	O
Encerramento do projeto	4.3	P	O	O	P	O	O	O	O	O	O

FIGURA 4.2 METODOLOGIA DE DESENVOLVIMENTO ESCALONADO

Esta metodologia pode ser usada de forma eficaz para produzir novos super petroleiros para a indústria naval, novos fundos mútuos para a área financeira, ou um novo tipo de sanduíche para uma cadeia de fast-food. A velocidade exigida para o desenvolvimento de um produto, os investimentos necessários, o tamanho da equipe que deverá trabalhar em um projeto e a dificuldade técnica das tarefas envolvidas, todos estes fatores variam de indústria para indústria e de produto a produto. A metodologia, entretanto, conseguirá entregar aos clientes o melhor em termos de valor. Ganhar esta corrida da relação TIME-TO-PROFIT significa aperfeiçoar todas as atividades representadas por este novo produto.

A Fase de Desenvolvimento do Produto

No momento em que a idéia de um novo produto se concretiza na mente de um indivíduo ou equipe, é preciso que haja um dispositivo que registre as suas dimensões e preserve as informações de forma acessível a outros. Entre as informações a serem capturadas, há as seguintes descrições:

- o ambiente do consumidor no qual a nova idéia será útil;
- o valor que o novo produto entregará para o consumidor;
- as características e funções do produto;
- as tecnologias a serem usadas no produto;
- as semelhanças com produtos já existentes, e
- as diferenças em relação a produtos já existentes.

Durante a fase de desenvolvimento, ilustrado na Figura 4.3, todas as fases devem nutrir a idéia recém-nascida do novo produto, até ele ter ganho força suficiente para competir com outras idéias na arena da elaboração de produtos. Enquanto a idéia de um novo produto pode surgir em qualquer das fontes de valor dos **Ten-P Paradigm**™, a única fonte exigida na atividade de desenvolvimento na fase de captura de idéias é o planejamento. No final da fase de desenvolvimento, na fase preliminar de desenvolvimento, todas as dez fontes de valor devem estar envolvidas.

	Posicionamento	Planejamento	Parcerias	Produção	Processamento	Pacote completo	Precificação	Promoção	Posição/posto	Prazer/satisfação
Captura de idéias	E	O	E	E	E	E	E	E	E	E
Desenvolvimento de idéias	E	O	E	E	E	E	E	E	E	E
Conceituação do produto	O	O	O	E	E	E	E	E	E	E
Investigação preliminar	O	O	O	E	E	E	E	E	E	E
Investigação detalhada	O	O	O	O	O	E	E	E	E	E
Desenvolvimento preliminar	O	O	O	O	O	O	O	O	O	O

FIGURA 4.3 ESTÁGIO DE INCUBAÇÃO DO PRODUTO

A fase de *captura de idéias* deve ser seguida de uma revisão de passagens entre as fases. O objetivo dessa revisão é garantir que as informações úteis e necessárias tenham sido capturadas e que a linguagem usada para codificar essas informações seja suficientemente específica para evitar mal-entendidos quando elas forem disseminadas pela empresa. Essa revisão de passagens entre fases não deve ser usada para eliminar a investigação adicional de idéias de novos produtos. Em vez disso, informações incompletas devem desencadear ainda mais investigações quanto à sua fonte, até que as exigências desta passagem entre fases sejam cumpridas.

Na fase de *desenvolvimento da idéia,* a equipe de desenvolvimento é avisada de que uma nova idéia de produto foi acrescentada ao banco de dados de idéias de novos produtos da empresa. O aviso deve fornecer uma descrição suficiente da idéia para atrair a atenção de indivíduos que possam achá-la estimulante a seus próprios esforços criativos. Em algum momento, intencionalmente ou não, uma ou mais idéias serão integradas a um conceito rudimentar de produto. A revisão de passagem entre fases que segue a esta deve assegurar-se de que o conceito do produto identifique um mercado visando uma vantagem competitiva específica e uma abordagem técnica quanto ao seu desenvolvimento.

A fase de *conceituação do produto* deve receber extrema atenção. É nessa fase que as decisões críticas são tomadas: os mercados definidos, as funções e características a serem incluídas, as tecnologias integradas, e o modo pelo qual o valor será entregue. Marco Iansiti[33] aconselha que se dê atenção particular à integração tecnológica e aos processos usados para gerenciá-la. Ele indica que a razão para a grande importância desse processo é que, uma vez que a organização tenha se comprometido com uma concepção de produto, a maior parte do potencial de mudanças e aperfeiçoamento contido nele está perdida. Nenhuma quantidade de planejamento, trabalho em equipe ou gerenciamento pode transformar um mau conceito em um bom produto.

Os investimentos na fase de conceituação devem ser pequenos apesar de decisões críticas serem tomadas nessa fase. O novo projeto ainda é repleto de incertezas. Nesse ponto, o gerente de projeto deve incluir qualquer fonte de valor que seja potencialmente crítica e tomar cuidado para não incorrer em custos inconsistentes com um gerenciamento de riscos prudente. Nessa fase inicial, a conceituação do produto é ainda preliminar. O posicionamento do produto não será finalizado até a conclusão da fase preliminar do

33 Iansiti, Marco, 1998, *Technology Integration: Making Critical Choices in a Dynamic World*, Harvard Business School Press, Boston.

desenvolvimento. O posicionamento preliminar é necessário, porém, para direcionar as últimas três fases da etapa inicial, e deve satisfazer a revisão de passagens entre fases que marca o final dessa.

A fase de investigação *preliminar* visa a viabilidade. Para ser viável, um projeto deve cumprir com três critérios: ser tecnicamente possível, ser financeiramente possível e produzir um resultado que funcione no ambiente dos consumidores. As funções da investigação preliminar, por isso, devem produzir uma estimativa de desenvolvimento de custos, uma estimativa cronológica, uma avaliação preliminar da viabilidade técnica, uma estimativa preliminar da comerciabilidade do novo produto proposto, o tamanho dos mercados e os preços que esses mercados estiverem dispostos a pagar. Essas estimativas podem ser bem vagas. Essa fase determinará se há um conjunto de possibilidades para o escopo, custo e cronograma que justifique mais investimentos no conceito do produto. Estas estimativas são os resultados da fase e os critérios para a revisão de passagens entre fases que se seguem. Essa fase deveria também produzir um conjunto de perguntas, questões, suposições e uma análise sensível indicando quais dessas perguntas, questões, suposições e análise sensível terão mais impacto no resultado do desenvolvimento do projeto. As atividades da próxima fase, a investigação detalhada, responderão a essas perguntas, resolverão as questões e validarão essas suposições.

Na fase de *investigação detalhada*, a variedade de resultados possíveis desenvolvidos nas investigações preliminares deve ser restringida pela concentração nas perguntas, questões e suposições críticas. Nessa fase, provavelmente o projeto terá muitas incertezas. A maior delas, porém, só terá um pequeno impacto no resultado do projeto. A regra oitenta/vinte (80 por cento do valor obtido com uma lista típica de atividades vem da prática de 20 por cento dessas atividades) se aplica nesse caso. Um pequeno número de incertezas terá o potencial de fazer uma grande diferença no resultado do projeto. Por exemplo, um aumento de 50% no custo de assentos da classe econômica não é uma questão importante para a Boeing. Um aumento de 50% no tempo necessário para instalar cada um dos rebites em um avião de passageiros seria, porém, um cronograma e um peso considerável no orçamento. A investigação detalhada pode fornecer informações suficientes para permitir a criação de um projeto de desenvolvimento completo e detalhado. Em outros casos, questões críticas não podem ser resolvidas sem o desenvolvimento de protótipos, sua montagem ou submontagem.

As atividades de *desenvolvimento preliminar* podem esclarecer muito o nível de esforço que será necessário a um projeto. No desenvolvimento de programas, por exemplo, a criação de uma Interface Gráfica do Usuário (GUI) ou uma *query* em SQL pode esclarecer as reais dificuldades em se satisfazer as verdadeiras necessidades de um usuário final. Essas dificuldades podem ser maiores ou menores do que as imaginadas antes do desenvolvimento do protótipo.

Tanto a fase da análise detalhada quanto a do desenvolvimento preliminar reduzem a incerteza do projeto a um custo, tempo e valor mínimo. Elas compartilham do objetivo comum de reduzir a variedade de incertezas presentes nas estimativas preparadas na investigação preliminar. A revisão de passagens entre as fases que se seguem marca uma mudança distinta no ambiente para o projeto novo. Pela primeira vez, o novo projeto competirá com outros novos projetos de desenvolvimento de produto pelo tempo, verba e outros recursos necessários para passar do desenvolvimento para a elaboração. Essa revisão de passagens entre fases também marcará a estabilização da atividade de posicionamento do produto.

Revisões de passagens entre fases dentro da etapa de desenvolvimento devem ser realizadas em seqüência. As atividades de fase, porém, podem e muitas vezes devem ser conduzidas paralelamente para reduzir o tempo do ciclo de desenvolvimento. As revisões devem ser conduzidas até o nível organizacional mais inferior, o que inclui as unidades organizacionais necessárias e acomoda a fundamentação necessária. A pressão da passagem de fase durante a fase de desenvolvimento deve servir para manter vivas novas idéias e construir uma base confiável de dados com a qual se pode formular planos para os estágios subseqüentes.

A Fase de Elaboração do Produto

Quando um projeto de desenvolvimento entra em fase de elaboração, ilustrada na Figura 4.4, as despesas aumentam. As incertezas mais críticas já devem ter sido resolvidas durante a fase de desenvolvimento, mas várias incertezas sérias continuam. Cada fase nesse estágio é planejada para reduzi-las e aproximar o produto de sua primeira exposição aos consumidores.

	Posicionamento	Planejamento	Parcerias	Produção	Processamento	Pacote completo	Precificação	Promoção	Posição/posto	Prazer/satisfação
Desenvolvimento de produto em versão Alfa	P	O	O	O	O	O	O	O	O	O
Produção de produto em versão Alfa	P	O	O	O	O	O	O	O	O	O
Realização de testes e validação	P	O	O	O	O	O	O	O	O	O
Atividades de teste que visam conseguir e manter mercado para os produtos de uma empresa	O	O	O	O	O	O	O	O	O	O

FIGURA 4.4 FASE DE ELABORAÇÃO DO PRODUTO

Na fase de *desenvolvimento de produto versão Alfa*, um produto acabado, funcionando, passível de produção e comercializável será planejado e desenvolvido. Em projetos grandes e complexos, a fase detalhada de desenvolvimento será subdividida em várias subfases, cada uma delas projetada para resolver as incertezas e prover fundamento para a próxima subfase.

A revisão de passagem entre as fases de produtos a serem entregues e de desenvolvimento detalhado inclui a demonstração de todas as atividades que entregarão valor ao consumidor. Critérios para a revisão focalizarão a satisfação de características e funções necessárias ao posicionamento do novo produto em seu mercado.

A fabricação de pequenas quantidades de *produção Alfa* pode enlouquecer a gerência de uma fábrica. O tempo passado estabelecendo ferramentas e processos pode exceder aquele de produção de uma pequena quantidade de certo produto. Não é assim que a gerência de uma fábrica mantém uma alta produtividade. Para o seu gerente, porém, cujo interesse foi incorporado a cada passo desde o desenvolvimento do conceito do produto, a *produção Alfa* é a primeira oportunidade de descobrir como o projeto se comportará em condições reais de produção. Estimativas de custo em relação à produtividade da fábrica não podem ser verificadas de outra forma.

Além de produzir produtos em quantidade suficiente para satisfazer exigências de teste interno e testar a demanda do mercado, a *produção Alfa* resolverá a maioria das incertezas remanescentes. A produtividade aumentará com a experiência, mas, durante o resto do ciclo de vida do produto, as oportunidades de mudanças verdadeiramente substanciais são quase inexistentes. A equipe inteira do projeto deve saber quais devem ser "os números", e esperará ansiosamente por notícias sobre o sucesso do projeto. A revisão de passagem entre fases para a *produção Alfa* visará a produtividade e as oportunidades de aumentá-la.

Em um projeto de desenvolvimento de produto bem administrado, o *controle e avalidação* interna do novo produto e de suas características operacionais não devem provocar surpresas. O desenvolvimento do produto e de um plano de teste para verificar se ele cumpre com as exigências de posicionamento já foi realizado em paralelo. Todos os parâmetros e expectativas já foram compartilhados. A execução do plano de teste prova o que a equipe já sabe. A revisão de passagem entre fases para teste e validação demonstrará que a equipe de projeto deu à luz um ótimo novo produto.

Por melhor que seja o novo produto, ele só pode melhorar. O teste de marketing pode revelar detalhes sobre o ambiente do consumidor e as expectativas ocultas até que o novo produto apareça. Observe que o posicionamento do produto é, mais uma vez, um agente necessário no teste de marketing. Há poucas possibilidades de se obter informações sobre as necessidades e desejos do consumidor durante o teste de marketing de um novo produto.

As primeiras mini-vans da Chrysler tinham suportes para bebidas de fácil alcance para o motorista e o passageiro. As mini-vans atuais são equipadas com mais suportes de bebidas que assentos de passageiros. Em alguns aspectos, todo mercado é um mercado de teste. Observar e avaliar a resposta de consumidores reais de um novo produto é um modo extremamente eficaz de descobrir como modificar um produto para melhor entregar valor ao consumidor. Os produtos a serem entregues nessa fase incluirão pedidos de modificação em qualquer uma das fontes de valor e também podem incluir novas idéias de produto que reiniciarão o ciclo de desenvolvimento de produto.

A Fase de Adaptação do Produto

Uma vez criado um novo produto, o direcionamento para a lucratividade pode começar de verdade. Há três estratégias para a adaptação de um produto visando uma renda considerável:

1. Aperfeiçoar o produto para torná-lo mais atraente ao mercado desejado e conquistar uma maior parte dele.
2. Modificar o produto para que ele atraia um mercado diferente, porém relacionado.
3. Modificar o produto para atrair um mercado completamente diferente que tenha exigências semelhantes.

Em algum momento na história, as lâminas de barbear descartáveis foram um novo produto. A fabricação de lâminas de barbear em aço inoxidável é um exemplo de aperfeiçoamento de produto projetado para conquistar uma maior porção do mercado de produtos já existentes. O barbeador Lady Schick foi criado para tornar as lâminas descartáveis atraentes às consumidoras. As lâminas de barbear industriais usadas em facas, raspadores etc. atraem mercados que têm o ato de cortar em comum com o de barbear. Se a Gillette, a Schick e a Wilkinson não tivessem reconhecido a oportunidade de adaptar seus produtos, tanto sua renda como os consumidores atuais teriam perdido muito. A adaptação de produtos é como um atalho em uma pista de corridas que o vencedor toma a cada volta.

As cinco fases da adaptação do produto são essencialmente semelhantes à etapa final de seu desenvolvimento e aos quatro estágios de sua elaboração. Essa é a parte fácil no desenvolvimento do novo produto, porque começa após os estágios de grande incerteza e de alto risco de desenvolvimento terem sido vencidos. Desenvolver novos produtos na etapa de adaptação, conforme ilustrado na Figura 4.5, é como juntar-se a uma corrida na 150ª volta de um total de 200 voltas. Aqueles que pensam que o desenvolvimento do produto está completo quando ele é lançado estão perdendo a melhor parte.

	Posicionamento	Planejamento	Parcerias	Produção	Processamento	Pacote completo	Precificação	Promoção	Posição/posto	Prazer/satisfação
Modificação no design	O	O	O	O	O	O	O	O	O	O
Desenvolvimento de produto em versão Beta	P	O	O	O	O	O	O	O	O	O
Produção	P	O	O	O	O	O	O	O	O	O
Realização e validação	P	O	O	O	O	O	O	O	O	O
Atividades de teste que visam conseguir e manter um mercado para produtos de uma empresa	P	O	O	O	O	O	O	O	O	O

FIGURA 4.5 ESTÁGIO DE ADAPTAÇÃO DO PRODUTO

A adaptação do produto é uma fase interativa. Ela pode ser repetida tantas vezes quanto houver uma nova parte do mercado ou novos mercados a conquistar. Uma caminhada pelo corredor de sabonetes em um supermercado fornece amplas provas de que lucros abundantes podem ser obtidos através da adaptação do produto. O circuito integrado de silício, inventado há menos de 40 anos, agora está implantado em inúmeros produtos que não poderiam existir quando o primeiro chip entrou no mercado. A corrida na realidade é por lucros e não pelo mercado, e apenas gerentes de projeto responsáveis a completam.

A Fase de Competição do Produto

Os produtos são lucrativos porque competem com sucesso pela verba limitada de que os clientes podem dispor. No supermercado, todos os outros produtos são concorrentes. Esponjas pré-ensaboadas competem com máquinas para impressão de selos Pitney-Bowes. Ter o melhor produto com o menor preço não basta por muito tempo. Se uma empresa é lenta nas entregas, não possui um bom atendimento ao cliente, ou então desrespeita seus clientes, eles passarão a freqüentar outro lugar ou procurar por produtos do concorrente. Empresas que acreditam que seu produto vai conquistar clientes sem esforço e sem um serviço contínuo de atendimento ao cliente são vulneráveis. No começo da era do microcomputador, o WordPerfect dominava o mercado de processamento de textos e o Lotus 1-2-3 dominava o mercado de processamento de folha de cálculos. Uma nova pesquisa de opinião feita com 300 executivos corporativos por Olsten Staffing Service mostra a extensão do domínio da Microsoft no mercado de programas de computador.

> Em 1995, 61% dos entrevistados disseram que usaram o WordPerfect, mas essa porcentagem caiu para 21%, enquanto o uso do Microsoft Word cresceu de 43% para 80%. Uma tendência parecida foi mostrada no processamento de folha de cálculos, onde o uso do líder de mercado Lotus 1-2-3 caiu de 65% para 27% e o do Microsoft Excel subiu de 44% para 79%.

A Microsoft e os outros também vêm competindo com sucesso com os estenógrafos, datilógrafos e outras pessoas que praticavam essas atividades manualmente. Existem produtos projetados para fazer este serviço e produtos automáticos são quase sempre mais eficientes, mais baratos e menos problemáticos do que seus equivalentes humanos.

O Departamento de Justiça não tem alegado que essas mudanças dramáticas na partilha do mercado são resultado do uso ilegal de sua posição dominante no mercado de sistemas operacionais. Ao contrário, é certo afirmar que o uso do WordPerfect e Lotus 1-2-3 diminuiu devido a outros aspectos de sua competição com a Microsoft. A fase de competição do produto, ilustrada na Figura 4.6, trata de como fazer o necessário para manter e aumentar um mercado consumidor. Sem isso, que é uma parte vital da corrida do tempo até o lucro, a partilha do mercado vai inevitavelmente definhar. Ganhar essa corrida significa aperfeiçoar todas as atividades referentes ao novo produto.

	Posicionamento	Planejamento	Parcerias	Produção	Processamento	Pacote completo	Precificação	Promoção	Posição/posto	Prazer/satisfação
Entrega e suporte ao cliente	P	O	O	P	O	O	O	O	O	O
Descontinuidade do produto	P	O	O	P	O	O	O	O	O	O
Liquidação do projeto	O	O	O	O	O	O	O	O	O	O

FIGURA 4.6 ESTÁGIO DE DISCUSSÃO SOBRE O PRODUTO

O gerenciamento de projeto da relação TIME-TO-PROFIT trata tanto de ganhar clientes quanto de vender produtos. A equipe de vendas pode começar a comemorar quando recebe uma encomenda, mas não se pode contar com a renda até que o produto seja entregue. A entrega do novo produto *e* o suporte ao cliente, depois de ele estar em sua posse, são responsabilidades do gerente de desenvolvimento do produto. O suporte ao cliente tem um papel muito importante durante essa fase. Preocupações e reclamações dos clientes são um sintoma de que o produto está perdendo espaço no mercado. O cliente mais beligerante, mais exigente é o melhor cliente, porque ele é a fonte da primeira indicação de que está na hora de melhorar o produto ou mudar para um novo produto. A revisão periódica das passagens entre fases deve cuidadosamente avaliar a mudança seja para a fase de adaptação, seja para a fase de descontinuação do produto. A satisfação do cliente com a empresa, e não com o produto, é o principal critério.

Seja uma corrida longa e lucrativa ou curta e decepcionante, chegará a hora em que o gerente de desenvolvimento do produto terá que lidar com os detalhes da descontinuação do produto. O condutor primário de todo o esforço de desenvolvimento do produto foi e continua a ser: ganhar clientes para a empresa. O objetivo agora é gerenciar a fase de descontinuação do produto, mantendo os clientes que foram atraídos por ele. Providenciar um plano de saída elegante para todas as fontes de valor será de grande auxílio nessa fase.

O fim do ciclo de vida do produto deve deixar uma empresa melhor do que estava antes de seu começo. O encerramento do projeto é a ultima oportunidade do gerente de projeto obter este valor final. Novos clientes, relações ampliadas com os fornecedores e lucros não constituem toda a lista de benefícios. A empresa e as pessoas que criaram o novo produto, deveriam acrescentar o aprendizado à esta lista. O fechamento de balanços, acordos com fornecedores, compromissos de suporte ao cliente e relatórios financeiros não terminam com a vida do produto. As lições valiosas aprendidas podem ser guardadas e beneficiar a empresa, seus clientes, seus fornecedores e seu pessoal. O gerente de projeto deve garantir seu registro e o acesso a essas lições para o caso de alguém querer usá-las.

Visão Geral

As etapas, as fases e a metodologia do desenvolvimento do produto e o **Ten-P Paradigm**™ para o desenvolvimento do produto estão totalmente integradas. Através de uma série de decisões conscientes, deve-se decidir se as fontes **Ten-P** têm papel ativo no desenvolvimento de um produto. Somente ao incluir cada fonte nas considerações de todas as outras, o gerente de projeto pode garantir que cada área da empresa tenha sido otimizada na geração de valores para os clientes. Pode ser perfeitamente legítimo concluir que uma fonte não tem nada a oferecer a um produto específico. Todavia, essa conclusão deve ser o resultado de uma análise considerável e cuidadosa.

Temos então uma metodologia amplamente integrada que conserva recursos preciosos enquanto garante o uso total de todas as fontes de valor. É um modelo exigente que nem toda empresa pode implementar completamente sem considerar as implicações organizacionais. Essas implicações, e a tentativa de gerenciá-las efetivamente, são o assunto do Capítulo Cinco.

Capítulo 5

Disciplina em Gerenciamento de Projetos

DISCIPLINA EM GERENCIAMENTO DE PROJETOS

Este capítulo descreve um conjunto de ferramentas que os gerentes de projeto poderão utilizar para o apoio a uma metodologia abrangente para desenvolvimento do produto. Ele descreve as etapas concretas para melhorar o desempenho do empreendimento, a satisfação do cliente, a fatia de mercado e o lucro.

As principais contribuições que o gerenciamento de projetos traz aos esforços humanos são a organização, o planejamento, a responsabilidade, a avaliação, o senso de obrigação e o aprendizado.

FIGURA 5.1 ÁREAS-CHAVE DO GERENCIAMENTO DE PROJETO

As áreas-chave ou disciplinas, ilustradas na Figura 5.1, representam, cada uma, o resultado de processos executados conscientemente. Cada uma destas disciplinas tem um papel a executar em projetos bem-sucedidos de desenvolvimento de produto. Está além do escopo deste livro descrever cada uma dessas disciplinas. Ao invés disso, esta seção descreverá a aplicação de tais disciplinas em todo o sistema de desenvolvimento de produto. Ele identificará as diferenças entre o gerenciamento de projeto tradicional de desenvolvimento de produto e o gerenciamento de projeto de desenvolvimento de produto com geração de lucro. O livro *Um Guia à Base de Conhecimento de Gerenciamento de Projeto*[34] descreve as disciplinas para iniciar, planejar, executar, controlar e fechar projetos. As responsabilidades de gerenciamento de projeto envolvem disciplinas como: gerenciamento da integração de projeto, gerenciamento do escopo, gerenciamento do tempo, gerenciamento dos gastos, gerenciamento da qualidade, gerenciamento dos recursos humanos, gerenciamento das comunicações, gerenciamento do risco, e gerenciamento da aquisição. Essas disciplinas de processo podem ser aplicadas a diversos projetos, desde a construção de casas e sistemas de transporte à produção de aplicativos de informática simples e sistemas operacionais completos. Elas contribuem substancialmente para o gerenciamento eficaz de projetos de desenvolvimento de produto.

Gerenciamento de Integração

A disciplina de gerenciamento da integração inclui processos para o desenvolvimento do plano de projeto, execução do plano e controle de alterações. O desenvolvimento

34 Project Management Institute, Standards Committee, 1996, *A Guide to the Project Management Body of Knowledge*, Project Management Institute, Newton Square, Pa.

do plano de projeto significa integrar os planos desenvolvidos em outros processos de planejamento de forma que seja útil para os participantes do projeto. A execução do projeto significa garantir a execução das atividades planejadas do projeto e atender às expectativas de escopo, orçamento e cronograma. O controle de alterações significa que os desvios do plano são apropriados, aprovados e refletem todos os aspectos da atividade do projeto que devem atender a estes desvios.

Em projetos de desenvolvimento de produto, o gerente de projeto é responsável por garantir que o plano de projeto incorpore todas as atividades necessárias pelo **Ten-P Paradigm**™ e a integração de todas estas atividades em um documento coerente. O plano de projeto permitirá ao gerente de projeto identificar com precisão o impacto das mudanças feitas em uma área sobre os outros esforços e comunicar tal impacto de forma compreensível.

Implementação da Função de Qualidade

A Implementação da Função de Qualidade (*QFD - Quality Function Deployment*) é uma ferramenta, parecida com uma mira telescópica, que serve para ajudar uma equipe de projeto a manter-se concentrada na meta. Oferecer um produto que atenda e ocasionalmente exceda as expectativas do segmento de mercado alvo é, sem dúvida, a forma mais eficaz de garantir que um novo produto seja rentável. Certamente, a maioria dos projetos de desenvolvimento de produto começa exatamente com esse objetivo em mente. Entretanto, nem todas são bem-sucedidas. De alguma forma, a meta parece ser mais ilusória do que imaginado.

A QFD faz algumas perguntas importantes. Muitas empresas têm problemas com a implementação da QFD, provavelmente por causa da dificuldade das perguntas: Quem são os clientes? O que eles realmente desejam? Como se compara o que eles já possuem com o que almejam? Daquilo que almejam, quais são as coisas mais importantes e menos importantes? Como as aspirações do cliente se relacionam ao conceito, projeto e fabricação do produto? Se mudarmos nosso conceito de produto para melhorar alguns aspectos do mesmo, será que tornaremos o produto menos atraente de alguma forma?

O dispositivo de computador para apontar e clicar, o mouse, ilustra a complexidade destas perguntas. No mercado atual, um comprador pode escolher dentre centenas dos diversos dispositivos, com as mais variadas faixas de preços, de alguns poucos dólares a centenas, todos servindo uma função idêntica. Além da tecnologia básica do mouse, *trackballs, trackpads* e botões também estão disponíveis. O mercado oferece dispositivos com e sem fio, grandes ou pequenos, coloridos, com contornos intrincados e as futuras variações por vir. Alguns produtos vêm com programas de computador que permitem ao comprador personalizar a sensibilidade e funções de botões no dispositivo. As recompensas financeiras disponíveis a um concorrente que pode atender a todos os requisitos de 20% desse mercado seriam enormes, muitos concorrentes buscam exatamente isso. Entretanto, suas iniciativas parecem ser baseadas na "tentativa e erro" do que no resultado de uma tentativa deliberada para atender às exigências do cliente.

A QFD não é uma ferramenta abrangente o suficiente para resolver estas importantes questões. Ela representa apenas um meio de garantir que tais dúvidas recebam a atenção da equipe de projeto integrada, à medida que executam as tarefas, fases e estágios da metodologia de desenvolvimento de produto. O uso da QFD não oferece uma garantia de que novos produtos atenderão às exigências dos clientes. Entretanto, as equipes de projeto integradas utilizam a QFD para auxiliá-las a manter o foco durante as fases de desenvolvimento do produto, elaboração e adaptação, tornando tais equipes mais propensas a fabricar produtos que são concorrentes legítimos da fatia de mercado.

Engenharia de Conceito

O fundamento da engenharia de conceito é a pesquisa de mercado. A finalidade da pesquisa é conhecer os ambientes dos clientes, suas preferências, aversões, valores e benefícios, uma vez que estes fatores estão relacionados a uma necessidade que pode ser suprida por um novo produto. O primeiro desafio é obter acesso a potenciais clientes e ganhar sua confiança, de forma a expor claramente suas necessidades. Relações com clientes que foram criadas e mantidas por meio de produtos anteriores são uma grande vantagem no desenvolvimento de um novo produto.

Hoje em dia, até mesmo as redes de supermercados estão alavancando o relacionamento com cada cliente para criar bancos de dados com informações sobre clientes e que descrevam os padrões de compra de tais consumidores. O cartão de "parceria" que o caixa passa com a compra permite a construção de relações entre cada cliente e os itens que compram, a hora da compra e o preço pago. A partir dos códigos nos cupons descontados pelos clientes, os donos de mercearias e supermercados podem determinar quais tipos de jornais, revistas e periódicos cada cliente lê. Os bancos de dados resultantes, interpretados através da prática denominada *data mining*, são de grande valor ao comerciante e seus fornecedores, pois refletem as ações reais dos consumidores, e não como declaram o que pretendem fazer. Os pequenos descontos oferecidos na apresentação de um cartão de associação no caixa podem ser rapidamente recuperados por conta desse banco de dados.

Converter este conhecimento dos consumidores em uma série de requisitos de produtos ainda é uma ciência inexata. Um cliente que estava feliz com um *trackball* grande e cinza pode, após semanas e meses de uso, perceber que o peso de uma esfera grande prejudicou os nervos em seu pulso. A solução para estes problemas consiste em reduzir o tamanho da esfera, utilizando um material mais leve ou melhorando os rolamentos sob os quais a esfera se movimenta. Ao modificar estas características, muda também a sensação que o cliente tem em relação ao dispositivo e este poderá decidir que um *trackpad* seria a melhor solução. Clientes são inconstantes, todavia, em geral, eles abandonam o uso de um produto por motivos que julgam importantes.

Identificar o que é importante para certos clientes é complexo, precisamente porque as alterações em um aspecto de um produto, o tamanho de uma *trackball*, por exemplo, terão conseqüências em outros aspectos do produto, o peso e sensação, neste exemplo. A QFD requer a identificação das características do produto que são relevantes ao consumidor e se preocupa em saber de que forma isso ocorre, dentro de qual faixa de relevância essa característica do produto se relaciona com as outras consideradas relevantes pelo cliente. As três primeiras perguntas da QFD trata de clientes:

1. Quem são os clientes?
2. O que eles realmente desejam?
3. Qual é a importância relativa de cada um de seus desejos ou de suas necessidades?

A Figura 5.2 representa, em forma de uma casa, um diagrama de QFD denominado "Casa da Qualidade" - Escalação da equipe para vencer o campeonato com qualidade (House of Quality). Na coluna esquerda, os atributos definidos pelo cliente (CA) são dispostos em ordem de relevância para estes, estando os mais importantes atributos localizados no topo da coluna.

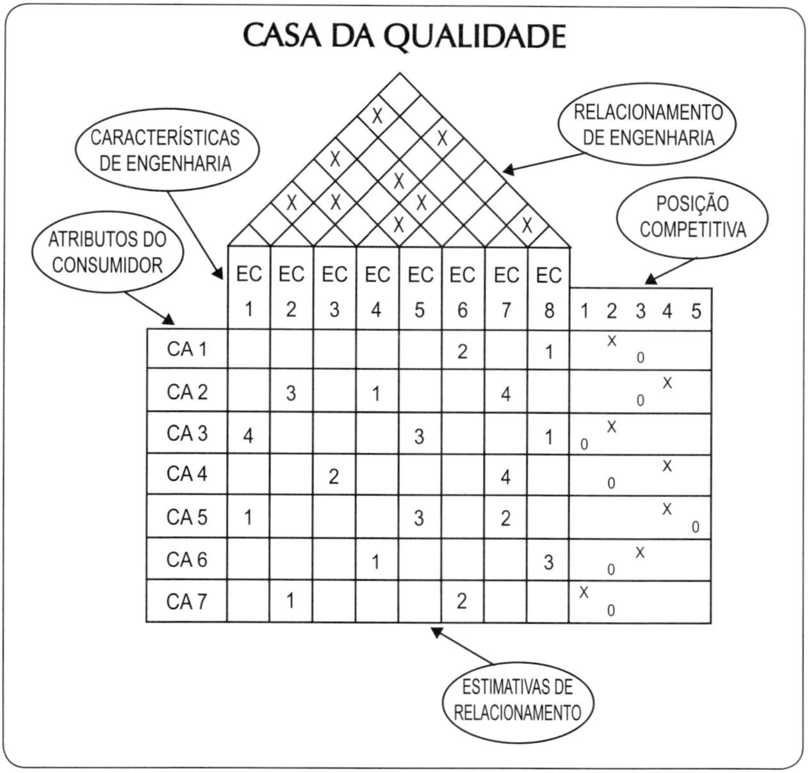

FIGURA 5.2 A CASA DA QUALIDADE

Os CAs de um novo produto proposto são comparados aos produtos existentes utilizados para atender as necessidades. As necessidades dos clientes são freqüentemente expressas na forma de mudanças desejáveis nas soluções existentes. As classificações de todas as características são pontuadas em uma escala de cinco pontos, onde 1 equivale a péssimo e 5 equivale a ótimo. As classificações do novo produto proposto são representadas por um x, e os melhores produtos concorrentes, representados por um "o", e depois lançados na coluna direita para cada atributo do cliente. A ferramenta depois se concentra nas Características de Engenharia (EC) associadas a cada CA. As características de engenharia, por exemplo, podem incluir a resistência que o *trackball* apresenta ao ser movido.

A relação entre CAs e ECs é estimada em uma escala de quatro pontos:

1. Forte impacto positivo
2. Impacto positivo moderado
3. Impacto negativo moderado
4. Forte impacto negativo

Visto que a engenharia de produto quase sempre se refere às trocas, a etapa final na preparação da Casa da Qualidade é representar graficamente as Relações de Engenharia (ER) entre e através das Características de Engenharia (EC). Trocar o material do *trackball* pode alterar seu peso, dureza e propriedades de retenção de cor. Uma mudança no peso pode, por sua vez, exigir modificação no mecanismo de suporte para manter uma resistência desejável ao movimento.

Uma vez que a informação inserida é representada em um gráfico Casa da Qualidade, o impacto total das mudanças nas características de engenharia pode ser avaliado por todos os valores de atributos de cliente (CA). Os engenheiros podem começar a tomar decisões informadas sobre os compromissos que fazem em relação ao projeto. Suas decisões serão baseadas no claro entendimento de quais ECs provavelmente terão o maior impacto benéfico na satisfação total do cliente.

Principais Características

Um subproduto de uso da QFD na atividade de projeto do produto é a geração de informação que provavelmente será útil para distribuição de atividades do projeto. A identificação das características que os clientes valorizam, CAs, é útil para as atividades relacionadas a comercialização do produto, como de acondicionamento, fixação de preços, promoção, colocação e aceitação. A identificação de ECs cruciais pode ser um elemento útil na criação de parcerias, produção e processamento de fontes de valor.

Se os pesquisadores de mercado incluírem desvios integrados em suas pesquisas, as perguntas e a forma com que são formuladas podem levar compradores em potencial a dizerem algo diferente do que querem dizer, uma vez que a pesquisa de mercado depende da extrapolação das amostras estatísticas, a significância de resultados de pesquisa incorretos pode ser largamente ampliada. Ao formular perguntas a entrevistados selecionados de forma ativa, os pesquisadores de mercado podem "demonstrar" a existência de mercados que simplesmente não existem. Um dos exemplos clássicos de um investimento maciço realizado em um segmento de mercado bem documentado, porém completamente inexistente, é o automóvel DeLorean.

Em 1975, John DeLorean determinou a base para o que ele descrevia como carro esportivo "ético", que utilizava materiais novos e técnicas de produção radicais, com recursos de segurança nunca antes oferecido por qualquer fabricante de carros naquela época. Com base no que pareceu ser uma convincente pesquisa de mercado, cada revendedor DeLorean pagou US$ 25 mil. A maior parte do financiamento vinha de uma combinação de empréstimos, concessões e isenções fiscais concedidas pelo governo britânico de mais de US$ 100 milhões, o que era bastante dinheiro naquele tempo. Os carros de produção, apresentados nos Estados Unidos no início de 1981, freqüentemente eram vendidos acima do preço sugerido pelo fabricante de US$ 25 mil, também bastante dinheiro em 1981. Os DeLoreans foram fabricados entre 1981 e 1983, com totais de produção de 6.539; 1.126 e 918 respectivamente, perfazendo um total de 8.583. John

DeLorean foi inocentado de todas as acusações da falência da DeLorean Motor Company, e agora aposentado, vive em New Jersey. Os gerentes de projeto evitarão saídas similares, garantindo que a pesquisa de mercado utilizada para a tomada de decisões do projeto seja conduzida de forma estritamente profissional.

Gerenciamento de Escopo

Em uma metodologia de desenvolvimento de produto composta por estágio, fase e metodologia de desenvolvimento escalonado, o gerenciamento de escopo é uma disciplina imperativa que é realizada no início do projeto e novamente em cada uma das passagens que levam à conclusão do projeto. O gerenciamento de escopo inclui a iniciação de fase, que oferece uma definição por escrito do escopo da fase, proporcionando a Estrutura Analítica do Projeto (EAP) de fase, garantindo a aceitação do escopo por parte dos participantes e o controle de alterações durante a execução da fase. Em um estágio, fase e metodologia de desenvolvimento escalonado, onde aprender inclui a resolução de incertezas e o reconhecimento da nova incerteza, o gerenciamento de escopo inclui também a coordenação de impacto das alterações de escopo nas demais fases do projeto. Em cada fase, o escopo incluirá tudo o que for necessário para satisfazer às exigências dessa passagem e excluirá aquilo que não for necessário.

Matriz Estrutural do Projeto - Considerando que um projeto de desenvolvimento de novo produto trata de resolver incertezas, programar um projeto tratará das dependências de informação entre as tarefas.

A Matriz Estrutural do Projeto (DSM) é uma ferramenta para organizar tais dependências. Ela facilita o desenvolvimento de um cronograma de projeto que inclui um nível adequado de colaboração. Também oferece ajuda ao garantir a resolução de informações pendentes.

As tarefas em um projeto de desenvolvimento de novo produto são criadas para fornecer novas informações. A etapa inicial no desenvolvimento de uma DSM é identificar os pré-requisitos da informação de cada tarefa do projeto. Tarefas que não exigem o desenvolvimento de novas informações podem ser iniciadas a qualquer momento. Tarefas que exigem novas informações não podem ser iniciadas até que as tarefas precursoras que gerem a nova informação tenham sido conduzidas. A atividade de programação inicia-se então com uma lista de pendências da informação, acompanhada por tarefas cujos resultados são as novas informações e por tarefas que precisam da nova informação para proceder.

Algumas tarefas dependerão de informações desenvolvidas em mais de uma tarefa precursora. Algumas tarefas serão dependentes, como também precursoras de outras tarefas. Estas são vinculadas pois compartilham de uma ou mais variáveis que podem ser definidas independentemente; entretanto, variarão no resultado de todas as tarefas que compartilham dessas variáveis. A DSM oferece meios gráficos para ilustrar estas dependências e garantir que os membros da equipe de projeto compreendam o impacto de suas ações sobre outras tarefas do projeto.

A Figura 5.3 ilustra um exemplo de Estrutura Analítica de Projeto (EAP) para o desenvolvimento de placa-mãe para microcomputadores. Em geral, as novas placas-mães são desenvolvidas em resposta ao desenvolvimento de novos *chipsets* lógicos de controle. Os fabricantes de microcomputadores responderão a este lançamento de *chipset* desenvolvendo uma placa-mãe que explora os novos recursos e a funcionalidade. Ao incorporar capacidades adicionais à placa-mãe, processamento de áudio ou vídeo por exemplo, os fabricantes de microcomputadores podem diferenciar seus produtos de seus concorrentes utilizando o mesmo *chipset*.

Os requisitos de informação para as tarefas nesse projeto de desenvolvimento hipotético são como segue:

- Os testes de aceitação (2) não podem ocorrer até que uma placa tenha sido produzida (12). Ela exigirá suporte do desenvolvedor da BIOS (6) e projetista da placa (2).
- A produção da placa (12) não poderá ocorrer até que o projeto da placa (9) e a BIOS (5) estejam disponíveis e o layout da placa (11) esteja completo.
- O projeto da placa (9) exige informações sobre os recursos do *chipset* (7), requisitos da placa (8), desenvolvimento da BIOS (5) e layout da placa (11). O desenvolvimento da BIOS (5) exige a informação sobre os recursos do *chipset* (3), os requisitos da BIOS (4), o projeto da placa (9) e o layout da placa (11).
- A investigação realizada pelo projetista da placa quanto aos requisitos (8) não pode ocorrer até que os requisitos da placa sejam documentados (1).
- A investigação do desenvolvedor da BIOS dos requisitos da placa (8) não pode ocorrer até que os requisitos da placa sejam documentados (1).

Com a Estrutura Analítica do Projeto e esses requisitos, é possível construir uma matriz de estrutura do projeto.

		1	2	3	4	5	6	7	8	9	10	11	12
Fabricante de computador pessoal													
Documento de requirimentos	1	*			O				O				
Teste de performance	2		*										I
Fabricante da BIOS													
Investigação das tarefas do *chipset*	3			*		O							
Investigação dos requirimentos da BIOS	4	I			*	O							
Concepção da BIOS	5			I	I	*	O			IO		IO	O
Teste de suporte da BIOS	6					I	*						
Design de placa													
Investigação das tarefas do *chipset*	7							*		O			
Investigação dos requirimentos da placa	8	I							*	O			
Concepção da placa	9					IO		I	I	*	O	IO	O
Teste de suporte da placa	10									I	*		
Layout da placa													
Concepção do layout	11					IO				IO		*	IO
Produção													
Produção das placas	12		O			I				I		IO	*

FIGURA 5.3 DEPENDÊNCIAS DE INFORMAÇÃO DA DSM

Além da EAP, a matriz de estrutura do projeto ilustrada na Figura 5.3 inclui indicações do fluxo de informações. Quando um "I" aparece, a tarefa exige um resultado da informação derivada de uma tarefa com o mesmo número que a coluna onde "I" aparece. Um "O" aparece na linha da tarefa que deve gerar a informação na coluna enumerada para a tarefa que precisa da nova informação. Quando as tarefas precisam desenvolver novas informações de forma cooperativa, entre o projeto da placa e o desenvolvimento da BIOS, por exemplo, a sigla "IO" aparece em ambas as tarefas.

A próxima etapa na DSM é refazer a seqüência das tarefas na ordem em que devem ser executadas. A EAP será útil para esta tarefa. As tarefas iniciais podem ser identificadas pois não possuem entradas obrigatórias. Neste exemplo, as tarefas 1, 3 e 7 possuem saídas, mas não possuem entradas obrigatórias. Essas tarefas podem ser conduzidas sem depender da conclusão de qualquer tarefa precedente, visto que são tarefas iniciais.

Os resultados das tarefas iniciais indicarão as tarefas pendentes que podem ser realizadas assim que estas tarefas forem concluídas. Os resultados das tarefas iniciais são entradas nas tarefas 4, 5, 8 e 9. As tarefas 5 e 9 exigem entradas das tarefas que ainda não foram concluídas, então apenas as tarefas 4 e 8 agora poderão ser executadas. Os resultados das tarefas 4 e 8 são entradas paras as tarefas 5 e 9. Estas tarefas compartilham interdependências de informação com as tarefas 11 e 12. Todas as quatro tarefas: 5, 9, 11 e 12 devem ser executadas simultânea e conjuntamente. Seguindo essa mesma lógica, o gerente de projetos pode organizar todas as tarefas em ordem de precedência, conforme ilustrado na Figura 5.4.

		1	3	4	7	8	5	9	11	12	2	6	10
Requisições de documentos	1	*		O		O							
Checagem das realizações do *chipset*	3		*				O						
Checagem das realizações do *chipset*	7			*				O					
Checagem dos requerimentos da BIOS	4	I			*		O						
Checagem dos requerimentos da placa	8	I				*		O					
Desenvolver a BIOS	5		I	I			*	IO	IO	O			O
Desenvolver o design da placa	9				I	I	IO	*	IO	O		O	
Desenvolver o layout	11						IO	IO	*	IO			
Produzir as placas	12						I	I	IO	*	O		
Realizar teste de aceitação	2									I	*	IO	IO
Teste de suporte - BIOS	6						I				IO	*	
Teste de suporte - placa	10							I			IO		*

FIGURA 5.4 SEQÜÊNCIA DO CRONOGRAMA DA DSM

Neste exemplo, as tarefas 5, 9, 11 e 12 devem ser executadas conjuntamente, assim como as tarefas 2, 6 e 10. Estes conjuntos de tarefas também têm atenção especial em um plano de comunicação de projeto, uma vez que o compartilhamento interativo da informação entre as tarefas será uma parte integral da execução da tarefa. A DSM é uma ferramenta útil para programar tarefas de projeto. Ela garante que as tarefas não sejam programadas antes de atender aos pré-requisitos. Ela identifica tarefas que devem ser realizadas seqüencialmente, aquelas que podem ser realizadas simultaneamente e outras que devem ser realizadas simultaneamente.

A ferramenta também é útil para formular um plano de comunicação de projeto. Ela não identifica as partes interessadas no projeto que tenham tarefas específicas, mas que têm requisitos de informação legítimos. Ele capta os requisitos de informação essenciais entre tarefas de projeto e identifica tanto as fontes como os usuários da informação. Nesse aspecto, também é útil para definir os produtos de cada tarefa do projeto.

Gerenciamento de Tempo

O gerenciamento do tempo inclui definição de tarefas, seqüenciamento de tarefas, estimativa de sua duração, desenvolvimento da programação e controle de programação. A disponibilidade de pessoal, espaço, ferramentas e capital necessário para obter estes e outros recursos são restrições que devem ser acomodadas na programação das tarefas. O gerente de projeto de desenvolvimento de produto reconhece que um único projeto pode não ser suficiente para o sucesso da empresa. Ele trabalha para garantir que o plano de projeto acomode os requisitos da empresa, bem como o projeto específico.

Em um estágio, fase e metodologia de desenvolvimento escalonado, as tarefas são definidas de forma a satisfazer os requisitos do desenvolvimento escalonado que marcam a conclusão de uma fase e o início de outra. As tarefas de projeto são programadas em fases e todas as tarefas de uma fase devem ser concluídas antes da revisão de passagem daquela fase. Como no gerenciamento do escopo , o gerenciamento do tempo também inclui a coordenação do impacto do aprendizado nas fases subseqüentes de projeto. Em cada fase, o cronograma incluirá tudo o que for necessário para satisfazer às exigências de passagem e excluirá aquilo que não for necessário.

O Gerenciamento de Custos

O gerenciamento dos custos inclui o planejamento de recursos, estimativa, orçamento e controle de custos. Os recursos considerados na atividade de gerenciamento de custo incluem pessoal e gastos associados, espaço físico onde as tarefas do projeto devem ser conduzidas e as ferramentas necessárias, incluindo microcomputadores e redes de informação, que podem se constituir em gargalos.

Em um estágio, fase e metodologia de desenvolvimento escalonado, a alocação de recursos é incorporada em cada revisão de passagem. O gerente de projeto é responsável por identificar os recursos e gastos necessários para cada fase do projeto e para o projeto todo, em cada revisão de passagem. As alterações de uma revisão para a próxima são resultados do aprendizado que ocorreu na fase anterior do projeto.

Gerenciamento de Qualidade

O gerenciamento da qualidade inclui o planejamento, a garantia da qualidade e o controle da qualidade. O planejamento da qualidade significa determinar os padrões que se aplicam ao novo produto e garantir que o sistema de desenvolvimento inclua medidas que garantam a conformidade. A garantia da qualidade significa incorporar a avaliação das revisões de desempenho da qualidade nas revisões de passagem. O controle da qualidade significa executar as inspeções de validação em pontos críticos e desenvolver meios para eliminar desvios.

Para o sistema de desenvolvimento de produtos, a qualidade é definida como o resultado consistente e previsível de um conjunto mínimo de recursos e função que atenderão aos requisitos da posição definida do novo produto. Uma vez que o novo produto consiste no impacto total sobre o consumidor que é gerado pelo conjunto das atividades, produzir um produto de qualidade significa aperfeiçoar cada uma das atividades que compõem o produto.

Gerenciamento de Recursos Humanos

O gerenciamento dos recursos humanos inclui processos do planejamento organizacional, contratação de pessoal, desenvolvimento individual e em equipe. No planejamento organizacional, o gerente de projetos identificará as equipes de projeto que serão responsáveis pela realização das tarefas ou conjuntos de tarefas em cada fase do desenvolvimento. A contratação de pessoal inclui a atribuição de equipe de projeto permanente, negociação dos serviços de pessoal da organização funcional e recrutamento. O desenvolvimento individual inclui habilidades de aprendizado contínuo, capacitações técnicas e educação em disciplinas acadêmicas relevantes. O desenvolvimento em equipe inclui o treinamento e incentivo ao desenvolvimento de habilidades técnicas, administrativas e colaboradoras que permitem às equipes compostas por membros com diversos históricos, educação e experiência atuarem como uma unidade coesa.

No estágio, fase e metodologia de desenvolvimento de produto escalonado, o gerenciamento de recursos humanos será parte regular de cada revisão de passagem. O gerente de projetos deve estar preparado para relatar o andamento do desenvolvimento da equipe e detalhar planos para o desenvolvimento futuro nas fases subseqüentes do projeto.

Gerenciamento de Comunicações

As disciplinas de gerenciamento de comunicações incluem o planejamento das comunicações, distribuição da informação, relatórios de desempenho e fechamento administrativo. O projeto de desenvolvimento do produto possui uma grande variedade de partes interessadas que têm necessidades de informação divergentes. Uma vez que tal informação é o *feedback* da equipe de projeto, a precisão e o detalhe da informação fornecida à equipe terá impacto direto sobre o desempenho futuro. A equipe, por sua vez, é a fonte da informação que o gerente de projetos é responsável por disseminar entre outras partes interessadas do projeto. A comunicação clara e eficaz entre o gerente de projetos e cada parte interessada é essencial tanto para a qualidade quanto para a eficiência.

Em um estágio, fase e metodologia de desenvolvimento escalonado, a comunicação não se limita a revisões de passagem. A revisão formal deve oferecer às partes interessadas uma oportunidade de obter uma noção geral do andamento do projeto. A revisão não deve conter surpresas para os indivíduos e equipes sobre seu próprio desempenho no projeto. Quaisquer problemas que sejam parte de uma revisão de passagem devem ser abordados no momento em que o gerente de projetos toma conhecimento. A revisão de passagem oferece uma oportunidade de reconhecimento do desempenho individual e em equipe. A ferramenta mais poderosa na caixa de ferramentas de um gerente de projetos é: "Obrigado."

Gerenciamento de Risco

O gerenciamento de risco é essencial para projetos de desenvolvimento de produto. Manter um perfil de risco no limite de tolerância de uma empresa ou próximo a ele oferece as melhores oportunidades de desenvolvimento de produto, novas fontes de renda e o crescimento da empresa. O papel do gerente de projetos em manter o nível apropriado de risco, identificando riscos excessivos assim que possível, e respondendo de forma eficaz é de vital importância para as empresas de desenvolvimento de produto.

O gerenciamento de risco inclui a identificação, quantificação, desenvolvimento de resposta e controle de resposta de risco. Ao iniciar o planejamento de um projeto de desenvolvimento de produto, o gerente de projeto o encarou como uma tarefa de gerenciamento de risco . Visto que aprender inclui reconhecer as incertezas, o processo de identificação de risco continuará ao longo do projeto. A quantificação de risco é o processo de identificação de custos, expressos em tempo e dinheiro, para resolver incertezas. O planejamento de tarefas necessárias para solucionar as incertezas é um desenvolvimento de resposta de risco. A monitoração do andamento dessas tarefas é o controle de resposta.

Em empresas que administram um portfólio de projetos de desenvolvimento de produto, a identificação antecipada de projetos de alto risco oferece uma oportunidade de conservar recursos valiosos. Um projeto mal sucedido não é freqüentemente interpretado como uma falha do gerente de projeto ou da equipe de projeto. Ao contrário disso, é julgado útil por causa das incertezas que ele resolveu, e que poderão participar de projetos futuros. Captar essa informação e disseminá-la com rapidez e eficiência através da organização é um serviço genuíno e de valor para o empreendimento. Os indivíduos e equipes que desenvolvem informações que resultam no encerramento do projeto devem ser recompensados por sua colaboração e vistos como indivíduos cujos projetos resultam em produtos de sucesso. Se for essencial à empresa estar ciente de projetos de alto risco assim que possível, então ela deve ser recompensada por fazer tais descobertas e por concluir projetos com êxito.

É uma pena que RISCO só tenha cinco letras, pois risco não é uma palavra feia. Risco é a chave que destranca a porta para a recompensa. Em desenvolvimento de produto, as mudanças de sucesso são uma em oito. Quer dizer, em média, as empresas produzem um novo produto bem sucedido em cada oito empreitadas de desenvolvimento de novos produtos. Por outro lado, a menos que uma empresa inicie projetos de desenvolvimento de novos produtos, ela não tem novos produtos de sucesso. Em um mundo onde o concorrente constantemente descobre meios de superar nossos melhores produtos, a falha em comercializar novos produtos leva ao caminho da falência, o que não é uma experiência de aprendizado recomendável.

Uma empresa que sobrevive, cresce e prospera desenvolverá novos produtos; medirá seu sucesso dentro de sua indústria em termos da porcentagem de suas rendas que são derivadas de novos produtos. Essa empresa prestará atenção e se esforçará na iniciativa de esforço de desenvolvimento de produto e orgulho da magnitude do processo de desenvolvimento de produto. Seguirá o curso sábio, aceitará e administrará de forma sensata o risco de desenvolvimento de produto de acordo com o que possa suportar.

O gerenciamento de risco eficaz é a chave para otimizar a utilização de recursos no desenvolvimento do produto. O gerente de projetos de desenvolvimento de produto desenvolverá um estudo completo dos riscos em um projeto e como estes riscos estão relacionados ao risco total que a companhia está aceitando. Durante a fase de desenvolvimento, enquanto as incertezas forem altas, o investimento deve ser mantido baixo.

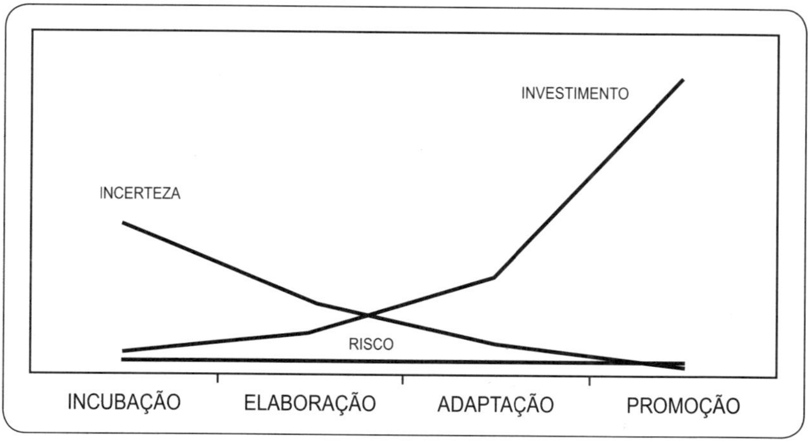

FIGURA 5.4 SEQÜÊNCIA DO CRONOGRAMA DA DSM

Conforme ilustrado na Figura 5.5, o uso de investimentos para reduzir a incerteza permitirá que o gerente de projeto aumente os investimentos e mantenha o risco constante durante o projeto.

Gerenciamento de Aquisições

O gerenciamento de aquisições inclui processos de planejamento de compras, planejamento de solicitação, solicitação, seleção de fonte, administração de contrato e encerramento de contrato. O gerenciamento de aquisições é parceria, que é a única fonte de valor do **Ten-P Paradigm**™ obrigatória em toda fase do produto. Considerando que o projeto de desenvolvimento de produto é uma ferramenta para solucionar incertezas e aperfeiçoar atividades que terão impacto nos clientes, as parcerias envolvem terceirizar as resoluções de incertezas e a execução das atividades. Os Flemings[35] propõem que aqueles tópicos de gerenciamento de risco de contratados incluam:

a) Declaração e avaliação de risco/problema.
b) Conseqüências do fracasso.
c) Alternativas consideradas com risco e seus respectivos custos.
d) Método de redução/abatimento de risco recomendado.
e) Declaração de impacto da implementação em termos de custos/cronograma/técnico.
f) Organização e pessoa responsável.
g) Data de início de implementação e cronograma do marco fundamental.
h) Critérios para o encerramento desta atividade de risco.
i) Pontos de decisão.
j) Desenvolvimentos posteriores recomendados e testes incluindo custos.

35 Fleming, Quentin W. & Quentin J. Fleming, 1993, *Subcontract Planning and Organization*, Probus Publishing Company, Chicago.

Esses elementos também são adequados para uma revisão da passagem eficaz para partes do projeto que são conduzidas internamente. A aplicação de critérios idênticos aos desenvolvedores internos e parceiros externos é perfeitamente razoável.

As estruturas de relações com parceiros podem ser designadas de forma a motivá-los a proporcionar alta qualidade a baixos preços e com a precisão desejada. Um elemento fundamental do gerenciamento de aquisições é fornecer aos parceiros um contrato que lhes garanta motivação para tais realizações.

Disciplinas Adicionais

Além das disciplinas de gerenciamento de projetos descritas pelo Instituto de Gerenciamento de Projetos, a implementação bem-sucedida do sistema de desenvolvimento de produto da relação TIME-TO-PROFIT exigirá o exercício de várias disciplinas gerais de gerenciamento.

Transformação organizacional

O compromisso de um gerente de projeto denota que um esforço está sendo feito e que há uma intenção de que seja um esforço organizado. Na maioria das organizações, haverá uma suposição de que o gerente de projeto foi designado para gerenciar a fase "desenvolvimento" do segmento de produção do projeto. Muitos podem receber com choque, incluindo executivos de marketing, vendas, informação e financeiro, de que o gerente de projeto será responsável pelo gerenciamento das atividades que ocorrem em suas organizações. Eles não se surpreenderão em considerar que uma fatura incorreta ou confusa pode ter impacto nas vendas do produto. Ainda assim, surpreenderá e chamará atenção o fato de que um gerente de projeto estará envolvido em garantir para que isso nunca aconteça. Vencer a corrida da relação TIME-TO-PROFIT significa aperfeiçoar todas as atividades que constituem o novo produto.

Empresas de desenvolvimento de produto bem-sucedidas possuem uma ampla linha de produtos que sobreviveram ao sistema de desenvolvimento e estão atualmente gerando rendimentos. Organizações de linha funcional existem para garantir que a comercialização, a venda, a produção e a entrega desses produtos e o recolhimento de rendimentos, pagamentos de contas e controle de investimentos sejam feitos de forma organizada nos novos desenvolvimentos. A organização de linha funcional concentra-se em produtos que já são comercializados. Os novos produtos são uma distração, caros, e talvez uma ameaça ao lucro já gerado por produtos anteriores. As pessoas empregadas na organização linear estão em sintonia com a realização das tarefas de forma eficaz e econômica a fim de garantir algum lucro após pagar as contas. Gastar dinheiro em produtos que possam ser arriscados não é uma boa idéia de negócio para um gerente de linha.

Não obstante, uma empresa que está pouco disposta a canibalizar seu próprio lucro deixa as portas abertas para o concorrente – a porta do cofre. Se for possível criar uma ratoeira melhor, em uma economia global de cerca de seis bilhões de pessoas, esteja certo de que alguém o fará. As empresas que não entendem que estão em perigo, freqüentemente sofrem as transformações que se chamam *downsizing* (redução) ou *right-sizing* (ajuste). A transformação não só é necessária, como é inevitável. A opção que uma empresa pode tomar é se arriscar e se transformar para crescimento.

O percentual de lucro obtido com os novos produtos é um medidor proeminente entre as ferramentas utilizadas por analistas de investimentos. Uma empresa que obtém lucros significativos de produtos que já estão há algum tempo no mercado corre o risco de perder estes rendimentos para um concorrente que descobrir um jeito de se tornar mais atraente ao mercado. A empresa que obtém a maior parte de seus rendimentos a partir de novos produtos demonstra uma abordagem agressiva em relação aos seus mercados.

O que constitui um novo produto? Existe um perigo real em fazer comparações entre empresas de diferentes setores. Para a Boeing e a Airbus, novos produtos são aqueles no mercado com menos de dez anos. Para Dell e Compaq o intervalo está mais para dez semanas. Em qualquer indústria, os concorrentes bem-sucedidos serão marcados pelas culturas organizacionais que incentivam a resolução de problemas, aprendizado, criatividade e inovação. Em virtude da complexidade de novos produtos, as habilidades de colaboração e trabalho em equipe serão recompensadas, enquanto o territorialismo é desprezado. Hardy e Schwartz[36] demonstraram que as pessoas em organizações bem-sucedidas tendem a fazer comentários mais positivos sobre sua empresa, sua liderança, a forma como são tratados e suas perspectivas para o sucesso.

Enquanto todas as organizações puderem achar coisas positivas para dizer sobre elas mesmas, as pessoas em organizações bem-sucedidas acreditam em coisas positivas e tomam decisões que são condizentes com as convicções positivas. Isto é, os funcionários se comportam de maneira a refletir tanto seus medos e confiança que suas crenças são justificáveis. O comportamento confirma que os empregados realmente acreditam no que dizem sobre a empresa. Em

36 Hardy, Robert E. & Randy Schwartz, 1996, *The Self-Defeating Organization: How Smart Companies Can Stop Outsmarting Themselves*, Addison Wesley Publishing, Reading, Massachusetts.

empresas mal-sucedidas, muitos dos mesmos comentários podem ser ouvidos, porém as pessoas não se comportam de acordo com suas crenças. Isso não é o bastante para criar uma organização onde as pessoas dizem que trabalho árduo e produtividade são recompensados, que os desafios são vencidos de forma inteligente e que a organização pode se adaptar ao seu ambiente. A menos que as pessoas acreditem que essas coisas são realmente verdadeiras, elas não se comportarão de forma a comprovar tais coisas. Esta profecia auto-executável, como outras, requer fé. Os gerentes de projeto não devem apenas dizer que os membros da equipe podem esperar um tratamento justo, eles devem fazer isso acontecer.

Em muitas organizações, os membros das equipes de projeto são escolhidos a partir da classificação da organização funcional. Esta determinação oferece aos membros da equipe a garantia de que terão um lugar reservado ao concluir o projeto. Na Northrop Grumman, o projeto do F/A-18-E/F "Super Hornet" foi suspenso por mais de um ano entre a conclusão dos protótipos e a retomada da produção. Sem uma organização funcional para comportar e ocupar centenas de pessoas no projeto, a equipe não conseguiria se unir. O aumento de produção e os fluxos de caixa associados teriam sido barrados pela necessidade de treinamento de novos engenheiros.

Há diversas desvantagens geralmente associadas à prática de povoar equipes de projeto com pessoal da organização funcional. Em geral, estas desvantagens dizem respeito à seleção de pessoal, compartilhamento ou divisão de tempo, reconhecimento, recompensa e colocação.

Quando a organização funcional e a organização de projeto são avaliadas apenas sob o ponto-de-vista da produtividade, os gerentes de projeto relutam em designar os funcionários mais produtivos às equipes de projeto. Uma empresa dedicada ao desenvolvimento de produto rápido modificará os critérios de avaliação aplicados a gerentes funcionais para garantir que pessoas talentosas preencham os projetos de desenvolvimento de produto.

Freqüentemente, colaboradores individuais são convidados a trabalhar em diversos projetos, ou continuar a trabalhar na organização funcional, enquanto também trabalham em projetos de desenvolvimento de produto. Este esquema garante ao indivíduo uma variedade de desafios. Dentre eles, está a tarefa de acomodar demandas conflitantes em tempo e prioridade. Uma companhia dedicada a desenvolvimento de produto rápido deveria proporcionar aos colaboradores individuais uma orientação equilibrada de cronograma que seja independente do projeto e das demandas das organizações funcionais.

Oferecer reconhecimento e recompensas a colaboradores individuais que estão envolvidos em vários projetos ou que dividem tempo entre projetos e tarefas funcionais é um desafio difícil. Para a empresa que é suficientemente dedicada ao desenvolvimento de produto rápido para proporcionar a estas pessoas auxílio com o cronograma, sistemas de gratificação podem ser administrados para indivíduos que ofereçam tal direção de programação. O reconhecimento, obviamente, pode ser concedido a qualquer momento por qualquer um dos gerentes que faz demandas ao indivíduo.

A equipe de projeto é mais produtiva se passar a maior parte de seu tempo em grande proximidade. É presumível que tais interações informais que possam ocorrer sob tais circunstâncias contribuam para a produtividade. A interação face a face é uma parte importante de colaboração criativa planejada. A situação ideal seria aquela em que a equipe do projeto está dedicada a um único projeto, colocada com outras pessoas daquele projeto e recompensadas pelo gerente do tal projeto. Em muitas organizações, porém, isso exigiria coletar a experiência necessária em projetos simultâneos e restringir o número de projetos de desenvolvimento que podem ser iniciados. Para o indivíduo, isso significaria restringir as contribuições que poderia fazer e as experiências de aprendizado das quais poderia desfrutar.

Em uma metodologia de desenvolvimento de projeto escalonado (estágio, fase e passagem) um projeto pode ser iniciado de diversas formas e por diversas pessoas, tanto dentro como fora da empresa. Um objetivo significante da transformação organizacional é empregar indivíduos com autonomia para iniciar projetos de desenvolvimento de produto. As pessoas em uma organização devem ter um método fácil e pronto para usar, disponível para iniciar um projeto preliminar de desenvolvimento de produto. O método deve estar disponível, estejam os funcionários ou não normalmente associados ao sistema de desenvolvimento de produto. Certamente, representantes de vendas e de atendimento ao cliente estão em posição ideal para captar as necessidades do cliente. Freqüentemente, representantes de vendas e de atendimento ao cliente têm a oportunidade de sondar tais aspirações e identificar oportunidades para sua empresa, para iniciar idéias que possam resultar na geração de novos produtos e novos fluxos de renda.

Fontes de Inovação

Uma pesquisa publicada em 1988 demonstra que inovação nem sempre é o produto de empresas que fabricam e vendem produtos. Em alguns setores, cerca de 90% da inovação é gerada pelos usuários. Ao menos alguma inovação de usuário foi relatada em cada setor exibido nessa pesquisa.[37] As relações de cliente adquiridas por meio de iniciativas de desenvolvimento de produto freqüentemente

37 Von Hipple, Eric, 1988, *The Sources of Innovation*, Oxford University Press, New York.

oferecem informações essenciais às iniciativas subseqüentes de desenvolvimento de produto.

Em outros setores, os componentes e materiais baseados em provedores de inovação são responsáveis por mais da metade da inovação. Idéias de novos produtos podem surgir em qualquer uma das fontes de valor do **Ten-P** e em alguns setores, a parceria tem um papel decisivo. As relações de parceria que facilitam o acesso fácil a fornecedores como fontes de inovação são de valor inestimável.

As empresas que são movidas pelo mercado foram reconhecidas por sua eficácia na inovação de novos produtos. Outra pesquisa indica que há fatores adicionais que contribuem para a inovação. Os estudos foram conduzidos em um grupo de 9.648 empregados de 56 organizações em uma importante agência do governo federal norte-americano.[38] Além de uma orientação de marketing, o estudo revelou que quatro fatores adicionais estão intimamente ligados à capacidade de inovação. As organizações consideradas mais inovadoras freqüentemente compartilhavam ambientes marcados por:

1. aprendizado;
2. tomada de decisão participativa;
3. desenvolvimento de pessoal;
4. colaboração e apoio.

A inovação freqüentemente acontece em um edifício mobiliado com móveis e equipamentos e outros recursos de capital. Estes acessórios de apoio podem ser necessários, porém o laboratório não é a fonte de inovação. Pessoas, com liberdade para aprender, autonomia na tomada de decisões, necessidade de crescimento e de desenvolvimento, e moti-

38 Hurley, Robert F. and G. Tomas M. Hult, 1998, "Innovation, Market Orientation, and Organizational Learning: An Integration and Empirical Examination," Journal of Marketing, July, V62, N3, P42-55.

vadas pela colaboração com pessoas envolvidas de maneira semelhante é que são as fontes de inovação.

O Capítulo Cinco trata do gerenciamento de pessoal de desenvolvimento de produto. O assunto também deve ser abordado aqui, pois sem a criatividade das pessoas, não haveria projetos de desenvolvimento de produtos a serem gerenciados. Essa criatividade é, de longe, mais importante do que quaisquer ferramentas que estejam disponíveis ao gerente de projeto. As técnicas descritas aqui só são úteis à medida que contribuem para a inovação do produto. Quaisquer técnicas utilizadas de forma a cercear a criatividade de desenvolvedores de produto é uma técnica ruim ou uma má implementação.

As ferramentas descritas neste livro deveriam ser utilizadas para incentivar, apoiar e otimizar o trabalho de pessoas criativas que trabalham juntas. Se ficar claro que estas ou qualquer outra ferramenta estejam causando impacto na criatividade de uma equipe de projeto de forma adversa, os gerentes de projeto devem abandonar tais ferramentas, e não as pessoas.

Engenharia de Processo

Em *Reengenharia da Corporação*[39], há um capítulo intitulado "Quem fará a reengenharia?" que descreve uma organização de reengenharia de cinco elementos: um líder, um dono de processo, uma equipe de reengenharia, um comitê dirigente e um czar da reengenharia. Os papéis de cada um são discutidos, porém as habilidades e características pessoais dos membros da equipe de reengenharia que os tornarão bons engenheiros de processo não estão incluídas.

39 Hammer, Michael & James Champy, 1993, *Reengineering the Corporation: A Manifesto for Business Revolution*, Harper Business, New York.

Um gerente de projetos experiente e sábio compartilhou sua perspectiva sobre as características desejáveis de gerentes executivos eficientes. O que ele descreveu como as características de um bom gerente são características necessárias para uma engenharia de processo efetiva. John Bing[40] sugere buscar dois traços de personalidade que se manifestam no local de trabalho. Há aqueles que parecem ser brilhantes ou tediosos, e aqueles que parecem ser energéticos ou preguiçosos, conforme ilustrado na Figura 5.6.

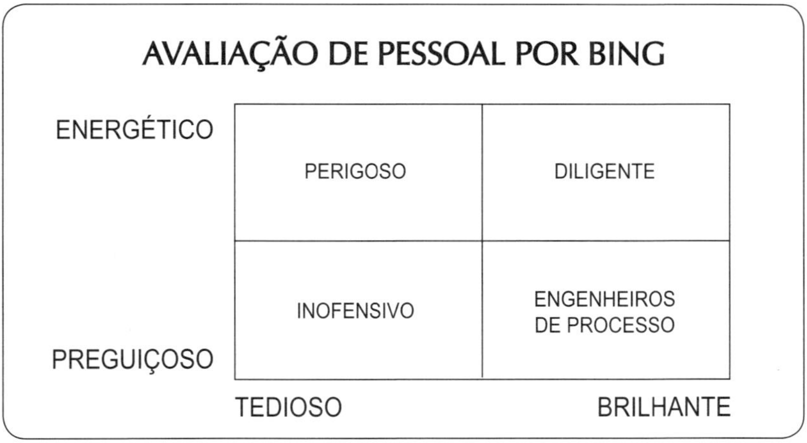

FIGURA 5.6 AVALIAÇÃO DE PESSOAL POR BING

Na análise de Bing, os preguiçosos e tediosos são inofensivos, pois, embora possam ignorar o que está acontecendo, eles não parecem preocupados em tomar qualquer atitude em particular. Os que são energéticos e tediosos, por outro lado, são perigosos, pois têm boas chances de fazer as coisas erradas. Aqueles que são energéticos e brilhantes serão grandes realizadores; eles sabem o que estão fazendo e querem fazê-lo. Os que são preguiçosos e brilhantes são candidatos à gerência, pois estes:

---

40 John Bing, PMP (Project Manager Professional) cujos quarenta anos de gerenciamento de projetos atravessa continentes e culturas, apresentou essa idéia em uma palestra, "Think like a Contractor", ao Orange Country Chapter do Project Management Institute, em março de 1996.

- evitam fazer trabalho desnecessário;
- encontram um modo de fazer as coisas da forma que exija o menor esforço possível;
- avidamente deixam outros tomar decisões e fazer o trabalho;
- odeiam refazer o que já foi feito;
- aceitam uma forma mais fácil quando encontram uma;
- resistem às verificações e controles desnecessários;
- buscam realizar duas ou mais metas em uma única tarefa, e
- delegam o trabalho na hora e local em que precisam ser feitos.

Estas tendências preguiçosas e sensatas são as regras básicas para engenharia de processo eficaz. Encontrar o modo mais fácil para fazer uma tarefa significa encontrar o modo mais rápido e mais barato também. Nós vivemos em uma era do capitalismo intelectual. As pessoas e as habilidades, o conhecimento e a energia que elas trazem ao trabalho todo dia são os bens mais valiosos de uma empresa. Diferente de máquinas e edifícios que desgastam com o tempo, o uso de recursos intelectuais acrescenta valor. Quanto mais eficazmente são utilizados, mais valiosos se tornam. Em nossa época, os gerentes de projeto têm a oportunidade de ser o real tesoureiro de sua empresa.

Equipe de Projetos Integrada

As equipes de projeto integradas têm impactos extremamente favoráveis em projetos de desenvolvimento. A integração das pessoas com históricos, educação e experiências diferentes podem ser desafiadoras. As pessoas que trabalharam lado a lado dentro de uma empresa durante anos podem ser pegas de surpresa pelas dificuldades que encontram na primeira vez em que lhes é solicitado participar de uma equipe de projeto integrada.

Por exemplo, até mesmo nosso idioma pode se tornar uma fonte de mal entendimento em uma equipe de projeto integrada. A denotação de uma palavra é o significado associado diretamente com a palavra, a definição literal. A conotação inclui toda a carga emocional que acompanha a palavra, devido às formas em que ela já foi ouvida com freqüência. Até mesmo palavras cotidianas podem ter conotações completamente diferentes para homens e mulheres. Para homens, a palavra "equipe", quase sempre significa fazer o que o treinador diz, manter as estatísticas individuais e se esforçar para ser um atuador "importante". Para mulheres, equipe significa uma organização de apoio e colaboração mútua onde a contribuição de cada participante é o que buscam, e seus resultados pertencem ao grupo mais do que aos indivíduos no grupo.

O **Ten-P Paradigm**™ para desenvolvimento de produto requer a integração de membros da equipe com diversas experiências. Cada uma das unidades funcionais tem seu próprio vocabulário. Algumas palavras são utilizadas em mais de uma organização, mas têm significados muito diferentes nas diversas disciplinas. Além de vocabulário, as organizações funcionais provavelmente terão metas e objetivos diferentes, processos diferentes, ciclos de estabilidade variáveis e atividade constante, e normas diversificadas e sistemas de recompensa. Se já havia um ambiente destinado para nutrir conflitos, isto é uma equipe de projeto integrada. Como deve, então, o gerente de projeto integrar a equipe? No **Ten-P Paradigm**™ para desenvolvimento de produto, o conflito dentro de uma Equipe de Projeto Integrada (IPT) pode ser uma fonte de energia para abastecer o motor do desenvolvimento do produto.

Dentro do **Ten-P Paradigm**™, as equipes de projeto às vezes incorporarão membros de equipe de organizações, clientes e parceiros. Na Northrop Grumman, o ciclo de desenvolvimento do F/A-18-E/F Super Hornet era de quarenta e dois meses a partir da autorização do programa para o primeiro vôo. O Centro de Excelência de Melhores Práticas de Fabricação da Marinha Norte-Americana identificou quarenta e duas melhores práticas em uso na instalação da empresa El Segundo. Dentre eles, está a Equipe de Gerenciamento de Fornecedor Integrado (ISMT). A ISMT usa dezesseis critérios para localizar o desempenho de setenta e um dos mais importantes fornecedores. Dois elementos classificam o próprio sistema de aquisições da Northrop Grumman, com base nas informações coletadas de seus fornecedores. A ISMT é responsável pelo desenvolvimento de planos de ação corretiva para fornecedores que falham em atingir classificações de desempenho satisfatórias.

Os indivíduos lidam com conflito de modos que são consistentes com seus interesses, suas relações, suas reputações e sua própria auto-estima. Ao responder a esses motivos complexos, os indivíduos podem escolher em resposta a um conflito particular evitá-lo a todo custo, suavizando as diferenças e barganhando com o adversário, numa tentativa de forçar sua própria visão, ou empreender uma tentativa séria de resolver o problema. A tarefa do gerente de projeto é reconhecer cada uma destas táticas, determinar a relevância do conflito para o projeto e para a equipe de projeto e manobrar a equipe através de um comportamento adequado.

A necessidade do gerente de projeto não soluciona conflitos. Quando os conflitos da equipe são resolvidos pela autoridade, alguns membros dela parecem ser vencedores, enquanto outros parecem ser os perdedores. Porém, no final das contas se a equipe perde, logo, todos os seus membros perdem. Há apenas dois tipos de resolução de conflito: vencer / vencer ou perder / perder. O trabalho do gerente de projeto é garantir que os membros da equipe de projeto resolvam os conflitos de forma a permitir que sua equipe vença. O gerente de projeto facilita as atividades e não manipula resoluções.

Para alcançar resoluções vitoriosas, o gerente de projeto construirá um ambiente de equipe no qual deve gerar confiança entre pessoas com diversas experiências. De acordo com Zenger[41], e outros, os chefes de operação dentro de uma equipe que obtém a maior parte da diversidade proporcionada por seus membros incluirão:

- Enfocar o comportamento ou o problema, não a pessoa. Focar no problema não significa que as pessoas devam ignorar as diferenças individuais. O que significa que essas diferenças não possam se tornar o motivo de ridículo, de ataque ou de exclusão.
- Manter a autoconfiança e a auto-estima dos outros. Por falta de autoconfiança e auto-estima, pessoas com qualquer histórico quase sempre falham em contribuir no que podem exclusivamente oferecer. Isso é porque o gerente de projeto e a equipe ficarão com os métodos do trabalho criativo se reconhecerem com freqüência as realizações individuais e em grupo.
- Manter relações construtivas. Todo mundo precisa da aceitação de outrem e uma conexão positiva no local de trabalho. Ao encorajar e modelar a aceitação de diferenças individuais, os membros de equipe podem ajudar uns aos outros a tirar o máximo proveito de tais diferenças.
- Tomar a iniciativa para fazer as coisas melhores. Uma organização que exige conformidade pode silenciar a iniciativa individual desacreditando no

41 Zenger, John H., Ed Musselwhite, Kathleen Hurson, & Craig Perrin, 1994, *Leading Teams: Mastering the New Role*, Irwin, Burr Ridge, Illinois.

valor da diversidade. Para perceber o potencial de uma equipe diversa, os gerentes de projeto têm que encorajar as idéias construtivas de colaboradores e ações fora dos padrões tradicionais.

- Liderar pelo exemplo. Enquanto os modelos do papel ideal variam de cultura para cultura, os líderes eficazes e membros de equipe do mundo todo demonstram certas convicções importantes: convicção na sabedoria do grupo, vontade em sacrificar-se pelo grupo, e orgulho nas conquistas do grupo.

O controle do projeto de desenvolvimento de produto fica nas mãos das pessoas que executam as atividades. As medidas, curvas de aprendizado e modificações são deles para projetar, implementar, modificar e até mesmo descartar. Proporcionar esse controle às equipes[42] de projeto requer a criação de um ambiente que deve incluir:

- Gerenciamento de consenso, que substitui sistemas de controle centralizados como um meio de atingir as decisões apropriadas.
- Descentralização, incluindo a divisão de grandes unidades operacionais em unidades menores e mais responsivas.
- Compromisso para confiar em colaboradores desde que a alternativa seja funções de controle centralizadas.
- Contratação de colaboradores hábeis que apóiem o gerenciamento de consenso em vez da inteligência, agressividade ou competitividade.
- Colaboradores que trabalhem em sistemas de informação que atendam às necessidades de avaliação de colaboradores individuais face às necessidades do comando de nível executivo e funções de controle.

42 Moore, Geoffrey A., 1995, Inside the Tornado: Marketing Strategies from Silicon Valley's Cutting Edge, Harper Business, New York.

Equipes que fazem sozinhas o que os supervisores costumavam fazer por eles. Um supervisor novo assumirá algumas tarefas com rapidez, outras em que precisa ganhar confiança, e ainda outras que precisam ganhar o respeito de funcionários e colegas. De acordo com Deeprose[43], a evolução não é diferente com as equipes. Da nova equipe, deve ser esperado que sejam responsáveis por:

- programar o trabalho e atribuir tarefas;
- gerenciar o cronograma de férias;
- acompanhamento freqüente;
- resolução de problemas de produção;
- monitoramento de resultados, e
- cronograma de treinamento.

Com o amadurecimento da equipe, cria-se confiança entre seus membros e aqueles que dependem da equipe para assumir responsabilidades como:

- gerenciar orçamentos;
- contatar clientes;
- comunicação com fornecedores;
- participação no planejamento;
- participação na definição de metas, e
- participação na contratação.

No final das contas, uma IPT experiente ganhará a confiança para conduzir as responsabilidades supervisionárias de alto risco para:

- determinar as exigências de hora extra;
- conduzir avaliações de desempenho, e
- disciplinar membros da equipe.

43 Deeprose, Donna, 1995, The Team Coach: Vital New Skills for Supervisors & Managers in a Team Environment, AMACOM Books, New York.

Para o gerente de projetos, um dos principais obstáculos é ser bem-sucedido na tentativa de continuar fazendo algumas destas coisas para a equipe. Quando chegar o momento de disciplinar um membro da equipe, até mesmo as mais independentes das equipes podem estar preparadas para voltar aos velhos modos. Um gerente de projeto que não seja comprometido com o pleno desenvolvimento de sua equipe encontrará aqui sua oportunidade de falha. Ele será encorajado pela equipe a reafirmar a antiga função de autoridade e controle suficiente para lidar com um membro de equipe que não esteja atendendo às expectativas do grupo. É preciso resistir à tentação.

Enquanto muitos membros da equipe de projeto estão ávidos para iniciar este novo paradigma, a maioria também experimentará, de vez em quando, níveis maiores ou menores de ansiedade. Um papel novo e extraordinariamente essencial para o gerente de projetos será conter a ansiedade dos membros da equipe, na medida em que surgirem.[44] Isto será alcançado por meio da empatia, articulação e interpretação do que os outros estão experimentando de forma a incentivar o ciclo da curva de aprendizado dupla, ou até mesmo tripla. Ao lidar com metáforas e imagens, o líder excepcional ajudará os membros da equipe a converter seus medos de um futuro incerto em empolgação renovada sobre os desafios que este apresenta.

44 Stacey, Ralph D., 1996, *Complexity and Creativity in Organizations*, Berrett-Koehler Publishers, San Francisco.

Capítulo 6

Melhoria do Sistema de Desenvolvimento de Produtos

MELHORIA DO SISTEMA DE DESENVOLVIMENTO DE PRODUTOS

Este capítulo propõe um programa sistemático e estruturado com o objetivo de melhorar o sistema de desenvolvimento de produtos de uma empresa.

O primeiro passo na melhoria do desempenho do tempo e lucratividade de uma organização é executar um Programa de Melhoria do Sistema de Desenvolvimento de Produtos (PDSIP). O programa começa com uma auditoria da atividade atual de desenvolvimento. O PDSIP resulta no desenvolvimento de um conjunto priorizado de etapas que uma organização pode executar e que garante que a empresa produza os produtos certos, reduza o tempo dos ciclos, melhore a penetração no mercado de novos produtos e aumente o número de produtos que podem ser produzidos. O aperfeiçoado sistema de desenvolvimento integrará recursos explicitamente projetados para incentivar o aprendizado e a melhoria contínua. O aprendizado, no ambiente do projeto de desenvolvimento de produtos é definido abaixo:

> **Aprendizado** é a resolução das incertezas substanciais e de processo conhecidas e o reconhecimento das novas incertezas substanciais e de processo que têm relevância para o trabalho do projeto.

O aprendizado trata de ambas as questões técnicas do projeto e o do paradigma, metodologia e das disciplinas usados para resolver essas questões técnicas. O aprendizado acontece nas curvas de aprendizado, conforme ilustrado na Figura 6.1, nas quais as informações são reunidas e aplicadas, resultados são observados e medidos e novas informações são desenvolvidas. A criação antecipada de práticas de aprendizado pode otimizar o investimento feito na auditoria.

- Curva de aprendizado simples - a resolução de incertezas é formalizada e um novo aprendizado é captado e preservado.
- Curva de aprendizado dupla - além da resolução da incerteza, o paradigma, metodologia e disciplinas em si são questionados e criticados, sendo modificados para refletir um novo aprendizado.
- Curva de aprendizado tripla - os procedimentos para o aprendizado sobre o paradigma, metodologia e disciplinas são questionados e criticados, e os procedimentos são modificados para refletir um novo aprendizado.

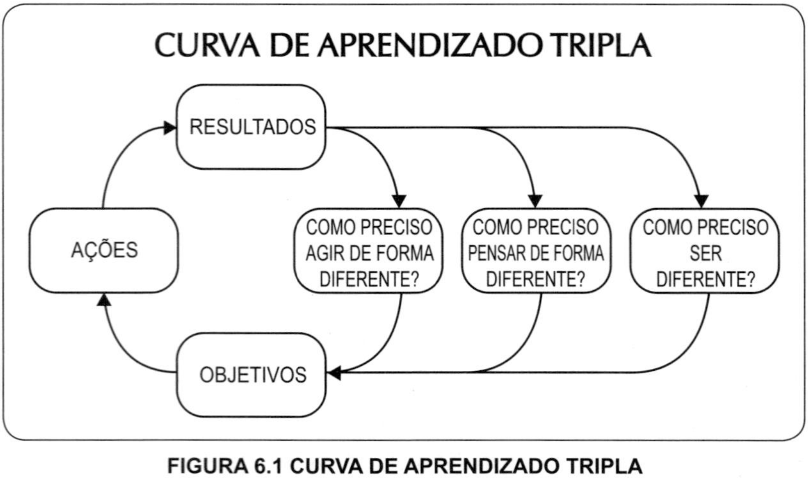

FIGURA 6.1 CURVA DE APRENDIZADO TRIPLA

Um exemplo da história americana recente trata de nosso procedimento para o término das funções do presidente dos Estados Unidos. O incidente do Watergate durante o gerenciamento do ex-presidente Nixon desencadeou um procedimento prescrito em nossa Constituição e resolvido pela primeira renúncia de um presidente. Nixon e todos nós aprendemos que determinados comportamentos podem resultar na perda de mandado de um presidente. Isso é curva de aprendizado simples.

O Congresso seguiu esta resolução examinando o procedimento de resolução e aprovando a lei que estabelece o Conselho Independente. Isso é curva de aprendizado simples. Por sua vez, a lei de Conselho Independente está sendo atualmente questionada. Se o Congresso achar adequado modificar a lei do Conselho Independente, ainda será apenas curva de aprendizado dupla.

Curva de aprendizado tripla ocorreria se o Congresso e o povo norte-americano examinassem e questionassem as crenças, a cultura e o sistema político que suscitou a lei do Conselho Independente. A maioria dos norte-americanos que têm direito de votar preferem não exercer esse direito, abdicando de sua responsabilidade, delegando importantes escolhas para a minoria que realmente vota. É consistente, mas talvez inadequado, para o Congresso delegar suas responsabilidades de supervisão da parte executiva para um "perito".

No projeto de uma placa-mãe de um microcomputador, um engenheiro estuda as especificações do conjunto lógico de chips de controle para entender os recursos que podem ser suportados e os requisitos elétricos para suportar esses recursos. Isso é curva de aprendizado simples. Se o engenheiro examinar seus processos para analisar as especificações do conjunto lógico de chips, procurando métodos mais rápidos, melhores ou mais baratos de isolar e documentar os recursos e requisitos, está ocorrendo um curva de aprendizado dupla. Se um gerente de projetos sugerir que uma equipe de engenheiros deve ser uma alternativa para o estudo individual do engenheiro, inicia-se um curva de aprendizado tripla.

Um sistema ideal de desenvolvimento de produtos não é a aplicação de um conjunto constante de procedimentos. O sistema deve ser flexível o suficiente para acomodar a resolução de incertezas em toda a linha de produtos da empresa. Deve ser preciso o suficiente para fabricar produtos de alta qualidade de forma consistente, dentro do orçamento e à frente dos concorrentes. Sobretudo, o sistema deve incluir mecanismos de aprendizado, para modificar e melhorar o sistema em si. De novo, o sistema deve fornecer um aprendizado sobre os procedimentos usados para melhorar o sistema principal. Esta é uma curva de aprendizado tripla.

Freqüentemente, os contribuintes individuais responsáveis pela execução do desenvolvimento de produtos estão conscientes de redundâncias ou esforços empreendidos nos procedimentos atuais, porque os funcionários, muitas vezes, acreditam que os procedimentos pertencem à gerência, eles não acreditam ter autoridade para fazer as mudanças apropriadas. O trabalho continua com o sistema existente e os funcionários ficam ressentidos, pois parte de seus esforços não está criando valor real. Capacitar as pessoas através de procedimentos formais de aprendizado para controlar seus próprios sistemas de trabalho pode produzir eficiência, levantar o moral e incentivar maior criatividade.

O Programa de Melhoria do Sistema de Desenvolvimento de Produtos é executado em três fases: auditoria, análise e implementação. Essas fases correspondem às curvas de aprendizado simples, dupla e tripla. Na fase de auditoria, o objetivo é aprender como funciona um sistema de desenvolvimento de produtos de uma empresa. Na fase de análise, o objetivo é identificar coisas que a empresa pode fazer de forma eficiente. Na implementação, as pessoas envolvidas no sistema de desenvolvimento assumem a responsabilidade, a obrigação e o controle do sistema de desenvolvimento de produtos.

Auditoria do Sistema

A auditoria que inicia a pesquisa de um melhor sistema é mais que uma atividade singular. É o início de uma exploração contínua que assegurará um sistema de desenvolvimento de produtos de perpétua maturação. Pela inclusão de mecanismos para melhoria do sistema e mecanismos para aperfeiçoamento dos procedimentos de melhoria, uma empresa pode criar um mecanismo para o desenvolvimento contínuo e aberto de produtos.

Uma pequena equipe de avaliação, composta de funcionários contratados ou consultores externos, pode ser mais objetiva na condução da auditoria. O procedimento para condução da auditoria é esboçado aqui e começa com um foco nas fontes de valor **Ten-P Paradigm**™. Usar o paradigma garante que a auditoria cubra todas as áreas que podem produzir valor, eficiência, fatia de mercado e lucro. Como os recursos são estreitamente interrelacionados, uma auditoria do sistema de desenvolvimento requererá estudo do relacionamento e interações entre as áreas. As fontes de valor **Ten-P Paradigm**™, relembrando, são: Posicionamento, Planejamento, Parcerias, Produção, Processamento, Pacote Completo, Preços, Promoção, Posição/Posto, Prazer/Satisfação.

Os aperfeiçoamentos do desempenho em qualquer das fontes sempre resultarão na melhoria de desempenho do sistema de desenvolvimento de produtos. Entretanto, o gerenciamento de fluxos de informações no paradigma através do curso dos projetos de desenvolvimento produzirá mais valor e maior eficiência do que as melhorias feitas em qualquer fonte individual.

Formulação de Questões Críticas

A primeira tarefa da equipe de auditoria é desenvolver questões para determinar como realmente funcionam as atividades de desenvolvimento, não apenas como elas supostamente devem funcionar. Questões separadas para cada uma das fontes de valor irão normalmente permitir que a equipe obtenha informações significativas de entrevistados sem desperdiçar seus tempos com questões além de suas áreas de atuação. Conjuntos de questões genéricas, não necessariamente específicas para cada uma das fontes de valor, e nas fontes, estão incluídas no Apêndice A. Questões adicionais que permeiam todas as fontes de valor podem também ser úteis na obtenção de uma idéia de alto nível de como funciona o sistema.

Uma idéia precisa de uma atividade de desenvolvimento de uma organização requererá personalização e extensão dessas questões. A equipe de auditoria deve focar informações, documentação e observações específicas. Percepções de grande influência, mesmo aquelas em conflito com os padrões adotados pela empresa, são os fatos reais. É necessário tomar medidas extraordinárias para proteger a confidencialidade dos entrevistados. O propósito da auditoria é determinar o que realmente está acontecendo, não o que supostamente deve estar acontecendo.

Page e Selden[45] fornecem a seguinte diretriz sobre questionamento:

"... há três técnicas básicas de se fazer perguntas:

1. *De modo surpreendente: a pergunta surpresa.* O objetivo é ser inquietante de forma criativa. Quando um repórter faz uma pergunta contestante a um político, o

---

45 Page, Curtis W. & Charles J. Selden, 1994, *Asking "Just Right" Business Questions: A Proven Process for Developing Leaders & Organizations Revised Edition*, The Graham Page, Oxnard, California.

objetivo é extrair a verdade para evitar confusão e evasão. Talvez se tenha a intenção de mostrar aos outros se as perguntas estão sendo respondidas ou esquivadas. Podemos sentir quando as questões estão sendo esquivadas, intencional ou acidentalmente. As pessoas tendem a ficar confortáveis em seus hábitos, mesmo quando os padrões não são mais adequados para o que elas estão fazendo. Nossa intenção pode ser seguir uma linha de questionamento para quebrar o *status quo* como primeiro passo para fazer as pessoas repensarem onde elas estão indo e como elas estão chegando lá.
Ilustração: Uma questão comercial clássica é 'Qual é seu ramo de negócios?' Perguntado de uma forma confrontacional, poderia se começar:

O que faz você pensar que ainda estamos nos negócios que dizemos estar?

Em perguntas que podem ser confrontacionais, a intenção é abrir os olhos e desafiar as suposições.

2. *Suporte: a questão que ajuda.* Um advogado de acusação experiente evita fazer perguntas de cujas respostas ele não está certo. Em um julgamento, os advogados fazem perguntas para promover seu próprio entendimento do caso para o juiz e para o júri. Qualquer descoberta de informações deve acontecer antes do início do julgamento. Perguntas podem ser empregadas para ajudar a descobrir o que o questionador já sabe. Quando as pessoas descobrem coisas por si mesmas – ou mesmo pensam que assim estão fazendo – elas estão sujeitas a absorver um novo conhecimento e dar maior suporte a esse conhecimento.
Podemos entender perfeitamente como nosso negócio está mudando. Para fazer com que outras pessoas entrem em nossa sintonia, podemos fazer perguntas de forma neutra: *Qual é seu ramo de negócios*? Pode haver

respostas sem surpresa para nós. Nosso objetivo é simplesmente fazer com que os outros nos acompanhem. Entretanto, cuidado: não importa quão astutos sejamos; quão clara é nossa visão, as respostas podem suscitar novas idéias em nós. Perguntas-suporte podem se tornar respostas informativas.

3. *Procura: a pergunta inquisitiva.* Um estilo genuinamente inquisitivo é melhor, mais adequado para descobrir o que não sabemos mas precisamos saber. O propósito é aumentar o conhecimento no inquisidor e no entrevistado. Todo mundo se beneficia porque as perguntas estão nos conduzindo a novos *insights*. Se estivermos preocupados com nossos ramos de negócios, a ênfase deve ser o espírito de investigação.

Qual é realmente nosso ramo de negócios?

As perguntas neste livro têm o objetivo de serem feitas em um espírito inquisitivo. O acréscimo de uma palavra ou frase, o tom de entrega, o levantamento de uma sobrancelha, o *timing*, podem convertê-los em modos surpreendentes ou de ajuda. Deixamos essa decisão para você com esta advertência: seja qual for o modo da pergunta, certifique-se de que a maneira como você pergunta seja intencional. Perguntas podem ser interpretadas como surpreendentes quando elas tiveram a intenção de ser de ajuda ou inquisitivas. Você deve escrutinar constantemente seu estilo de fazer perguntas."

Coleta de Dados

Uma coleta de dados completa inclui a solicitação de um subsídio do pessoal da empresa, fornecedores da empresa, parceiros do canal de marketing e clientes usuários finais. Em geral, o pessoal que não está envolvido em qualquer parte do desenvolvimento de produtos é mais objetivo na execução da coleta de dados. Encontrar pessoal não envolvido da empresa pode ser difícil em todas as empresas, exceto em grandes empresas. A colaboração do pessoal de uma outra divisão ou consultores para coletar e compilar dados, normalmente contribuirá com o objetivo de ambas as informações coletadas e a compilação de dados nas abstrações significativas.

Os resultados podem ser influenciados pelas perguntas feitas, pela forma como elas são feitas e também podem ser influenciados pelas pessoas escolhidas para responder. "Quem pode discordar de seu ponto de vista?" ou "Quem pode ver coisas de forma diferente?" são sempre perguntas que valem a pena. A fase de acompanhamento, é claro, é a programação de uma entrevista com as pessoas que podem ter pontos de vista discordantes. A coleta de dados deve ser gradual para garantir que muitos pontos de vista sejam incorporados e que aqueles discordantes sejam reapresentados. Os entrevistadores em todos os níveis de uma organização estão sujeitos a superficializar qualquer desconexão de informação que podem ser características do terreno organizacional.

Uma grande variedade de técnicas de coleta de informações pode ser usada com eficácia na Auditoria do Sistema de Desenvolvimento de Produtos. Questionários impressos podem ser incluídos com cartões de registro de garantia para solicitar subsídio de usuários finais que já compraram produtos da empresa. Essas informações serão necessariamente consideradas como primeiras impressões. A satisfação de longo prazo do cliente pode ser medida através de questionários impressos enviados pelo correio, por e-mail ou por entrevistas pessoais. Funcionários, fornecedores e clientes podem ser entrevistados pessoalmente, sempre que possível. Essas entrevistas podem acontecer na estação de trabalho do entrevistado ou em uma sala de reuniões próxima, se estiver disponível, para que o entrevistado possa produzir material escrito de forma rápida e fácil. Duas pessoas devem conduzir essas entrevistas, uma que tenha a principal responsabilidade de fazer as perguntas e abordar o entrevistado. A segunda pessoa terá a principal responsabilidade de registrar as respostas e acompanhar as perguntas quando as respostas iniciais não forem totalmente claras. A documentação sobre os processos, procedimentos e acordos pode ser copiada e coletada para revisão durante o acontecimento dos fatos e descobertas após a coleta de dados.

Fatos e Descobertas

O propósito da coleta de dados é desenvolver uma idéia precisa de como realmente funcionam as atividades de desenvolvimento de uma empresa. A equipe de avaliação determinará que procedimentos existem e como eles funcionam, produzindo uma coleta de fatos e descobertas com base nesses fatos.

Para fins de auditoria, os fatos são definidos de duas formas. A existência de um procedimento formal documentado e aprovado pode ser considerada como sendo um fato. Concordância de pelo menos três fontes que não estejam dentro da mesma unidade organizacional podem também ser consideradas como factual.

A integração de fatos gerará descobertas que são descrições de aspectos do sistema de desenvolvimento. Essas descobertas formam a base de recomendações para a melhoria.

Por exemplo, a descoberta de uma atividade na qual as fontes de fornecimento não são consideradas até a existência de uma especificação funcional do produto, seria um fato. Uma possível descoberta pode ser aquela em que a qualificação, a habilidade dos fornecedores ou dos sócios e as ofertas do produto não sejam considerados na formulação de um perfil funcional de um produto. Essa descoberta pode impedir o projeto de um produto superior que poderia ser desenvolvido mais rapidamente, a um baixo custo, ou com um mercado pré-disposto a aceitá-lo porque incluiu um produto do fornecedor. As atividades podem configurar um produto para o fracasso ou deixar a porta aberta para o sucesso. Vencer a corrida do TIME-TO-PROFIT significa aperfeiçoar todas as atividades que constituem o novo produto.

Análise do Sistema

Uma vez que a equipe esteja provida de informações reais sobre as expectativas, restrições e processos existentes, as comparações do sistema existente com sistemas melhorados em potencial podem começar.

Análise de Lacuna

As descobertas sobre a atividade de desenvolvimento do produto irão, então, ser comparadas com os dois padrões, Prática Aceitável, e Melhor Prática. As deficiências da Prática Aceitável são particularmente críticas porque elas absorvem o benefício de eficácias alcançadas em outro lugar na atividade de desenvolvimento de produto. Por esta razão, a correção das deficiências da Prática Aceitável pode ter grandes benefícios.

Melhores Práticas são aqueles processos e procedimentos comerciais que freqüentemente levam a um desempenho superior. No sistema de desenvolvimento de produtos, desempenho superior é definido como entrega de novos produtos antes dos concorrentes, entrega de produtos que aglutinam fatia de mercado líder e que ganham rentabilidade líder em seus nichos de mercado. O Apêndice B inclui fontes de informação sobre as Melhores Práticas em várias disciplinas e indústrias. A análise da lacuna irá identificar áreas específicas nas quais as atividades de desenvolvimento são deficientes com relação às Práticas Aceitáveis ou Melhores Práticas.

Planos de Ação Corretiva

A equipe de avaliação identificará planos de ação específicos para abordar deficiências. Sempre que possível, esses planos de ação serão baseados em ações tomadas por outros que tenham provado ser eficientes em remanejar atividades para qualquer uma das Práticas Aceitáveis ou Melhores Práticas. Os planos de ação devem ser específicos e as fases devem ter uma seqüência. Eles devem ser acompanhados de material descritivo que permitirá sua implementação dentro do contexto da organização. Em cada caso, planos de ação efetivos iniciam novos procedimentos ou modificam os procedimentos existentes.

A criação da curva de aprendizado em atividades dupla ou tripla será uma função crítica dos planos de ação corretivos. A auditoria não é a única oportunidade para formular um sistema aperfeiçoado de desenvolvimento de produtos. É somente o começo de um aperfeiçoamento contínuo do sistema. As atividades de aprendizado devem capacitar as pessoas que fazem o trabalho para modificar os procedimentos que elas executam, fazendo com que as coisas sejam feitas.

As características críticas da atividade de aprendizado incluem avaliação da eficiência, produtividade e qualidade do procedimento que está sendo modificado, tanto antes quanto depois que as modificações forem implementadas. As atividades de alimentadores que são fornecedores do procedimento que está sendo modificado e os requisitos do cliente que a atividade fornece podem ser avaliadas tanto antes quanto depois da mudança. É claro, a avaliação do sistema em geral será feita continuamente. Essas avaliações fornecem o *feedback* que mostra o valor das mudanças que estão sendo feitas.

Melhorias da Eficiência

A próxima tarefa da equipe de avaliação é fornecer uma estimativa da perda relativa da eficiência que surge de cada uma das deficiências identificadas. Essas estimativas devem ser usadas para identificar o escopo da melhoria que pode ser razoavelmente antecipada como resultado da correção de deficiências. Essas estimativas não precisam quantificar qualquer valor específico ou tempo, mas poderiam ser expressas como uma porcentagem do benefício total que pode ser derivado da correção de todas as deficiências identificadas. Algumas dessas correções podem ter benefícios imediatos na eliminação de custos desnecessários. Os benefícios sobrepostos, entretanto, surgirão do aumento da fatia de mercado e do lucro como resultado do lançamento de produtos no mercado o mais rapidamente.

A equipe deve considerar as melhorias da eficiência como tendo um peso maior do que as reduções de custo na preparação dessas avaliações. É razoável se dar prioridade à correção de deficiências que irão reduzir custos para financiar as ações necessárias para melhorar a eficiência do sistema de desenvolvimento de produtos. O mercado, entretanto, apreciará a melhoria da qualidade, as características e as funções do produto mais generosamente do que gratificará as reduções incrementais no custo de atividades as quais ele vê apenas indiretamente, através do preço dos produtos. É possível reduzir a zero os custos de fazer negócios, mas os rendimentos podem seguir a mesma curva.

Custo de Medidas Corretivas

A equipe de avaliação deve fornecer uma estimativa do custo de correção de cada uma das deficiências identificadas. Essas estimativas orçadas devem ser usadas para identificar o escopo da melhoria de investimentos necessários para corrigir deficiências específicas. Nesses casos nos quais a correção resultará na redução de custos do sistema de desenvolvimento de produtos, essas estimativas podem ser usadas para calcular o retorno sobre o investimento disponível da ação corretiva. Infelizmente, esses números da redução de custos podem fornecer um alvo muito tentador. Tenha em mente que o objetivo da auditoria é aumentar os negócios pelo desenvolvimento de novos produtos que ganharão novos clientes. Estimar novos rendimentos antecipados é mais difícil que reduzir antecipadamente os custos. Contar novos rendimentos é muito mais divertido do que contar economias de custos.

Prioridade de Ações

A magnitude relativa de melhorias na eficiência e os custos estimados de ações corretivas agora podem ser usados juntos. A taxa entre a estimativa de eficiência e a estimativa de ação corretiva pode ser usada para priorizar os planos de ação corretiva. As taxas indicarão onde um financiamento disponível pode ser empregado para auferir o maior benefício. Quanto maior for a taxa, melhor será o custo/benefício, por exemplo, uma auditoria pode descobrir cinco deficiências: 1) o teste de protótipos é freqüentemente retardado devido à escassez de equipamentos de teste; 2) a fabricação sofre atrasos devido às informações inadequadas sobre novos produtos; 3) os produtos devem freqüentemente ser projetados novamente para acomodar os mutantes requisitos do cliente por causa da inadequada pesquisa de mercado; 4) os desenvolvedores não descobrem novos recursos oferecidos por seus fornecedores até que os novos componentes estejam disponíveis para remessa e 5) *feedback* telefônico para o cliente por períodos de quinze minutos e taxa excessiva de "chamadas abandonadas" no departamento de serviço de atendimento ao cliente.

	% DE INEFICIÊNCIA	CUSTO DE CORREÇÃO	TAXA	PRIORIDADE
Equipamentos de teste	10	250	0,04	5
Fluxo de informações	20	40	0,5	1
Pesquisa de mercado	45	160	0,2813	3
Relacionamento com o fornecedor	15	35	0,4286	2
Chamada abandonada	10	40	0,25	4

FIGURA 6.2 CÁLCULO DAS PRIORIDADES DE TEMPO

A contribuição de ineficiência, referente um ao outro, é ilustrada na Figura 6.2. Os custos de correção são avaliados no tempo decorrido. Todos os pontos decimais são deslocados para o mesmo número de casos para produzir taxas que estejam entre zero e um. Neste exemplo, a correção do problema de comunicação entre o desenvolvimento e a fabricação deve ser executada primeiro, porque eliminando 20% da ineficiência em 40 dias é mais sensato que eliminar somente 15% da ineficiência em 35 dias.

	% DE INEFICIÊNCIA	CUSTO DE CORREÇÃO	TAXA	PRIORIDADE
Equipamentos de teste	10	50	0,2	2
Fluxo de informações	20	180	0,111	5
Pesquisa de mercado	45	240	0,1875	3
Relacionamento com o fornecedor	15	20	0,75	1
Chamada abandonada	10	80	0,125	4

FIGURA 6.3 CÁLCULO DAS PRIORIDADES DE CUSTO

Dependendo das demandas do mercado e da cultura da empresa e do senso de urgência, o custo de correção pode ser medido em dinheiro. A Figura 6.3 ilustra que uma medida diferente de custo resultaria num conjunto de prioridades diferentes. Neste caso, eliminando 15% da ineficiência para US$ 20.000 é mais sensato que eliminar 10% para US$ 50.000.

Se a auditoria identificar múltiplas deficiências, a correção imediata de todas elas pode não estar disponível. Mesmo a ação corretiva que oferece o maior benefício pode não estar imediatamente no alcance econômico da empresa. A implementação das mudanças que a empresa pode suportar fornece a maior certeza de que as correções mais caras em breve estarão disponíveis.

Implementação

Cada PDSIP é um projeto e precisa ser administrado como tal, usando-se todas as disciplinas de gerenciamento de projetos descritas no Capítulo Cinco. A quebra associada a mudanças simultâneas excessivas pode ser arriscada. Uma implementação por fases, trabalhando deliberadamente a lista de possíveis correções de cima para baixo, é uma abordagem mais prática. Taxas de custo / benefício são desenvolvidas por esta razão: um benefício positivo de implementação por fases é o estabelecimento de um ambiente no qual a melhoria contínua é habitual. Seja qual for a resistência para mudar uma organização, ela pode ser superada com um projeto inicial de mudança relativamente pequeno. Uma vez que seja implementado com sucesso, a resistência a mudanças subseqüentes provavelmente será menos intransigente.

FIGURA 6.4 A CURVA DE APRENDIZADO

Não é anormal ver um declínio temporário no desempenho no momento que um processo recém-modificado está sendo implementado. Os trabalhadores devem aprender uma nova forma de fazer as coisas, trabalhar detalhes e gerenciar novas interfaces com seus fornecedores e clientes. Como disse Yogi Berra, "As coisas pioram antes de melhorarem". As medidas do aprendizado tendem a seguir uma curva de aprendizado Yogi Berra similar à curva ilustrada na Figura 6.4.

Fora isso, não há evidência de que Yogi Berra realmente disse: "As coisas sempre pioram antes de melhorarem". Mas, há pouca evidência de que Yogi teve algo a ver com a maioria das coisas que ele supostamente disse.

Um outro fenômeno pode se apresentar caso medidas detalhadas de desempenho forem novas para uma organização; é o chamado efeito Hawthorne. Ocorre quando a melhoria inicial em um processo de produção é causada pela observação obstrutiva desse processo.

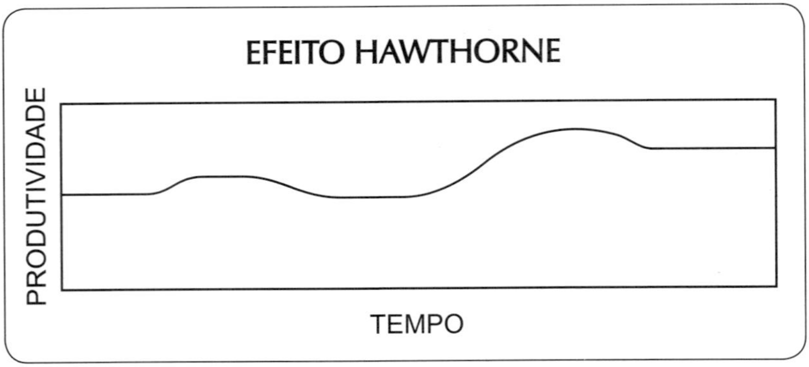

FIGURA 6.5 EFEITO HAWTHORNE

O efeito foi primeiro reportado nos anos 1930, na planta Hawthorne da Western Electric. Os aumentos de produção que foram observados não foram conseqüência de reais mudanças nas condições de trabalho introduzidas pela gerência da planta. Ao invés disso, as melhorias de produtividade ocorridas devido ao gerenciamento, demonstraram um interesse nessas melhorias e começaram a medição da produtividade de forma consistente. Conforme ilustrado na Figura 6.5, o início de medidas antes que um novo processo seja introduzido pode ter um impacto sobre a produtividade. Esse aumento de produtividade pode resistir ao longo da mudança e finalmente diminuir somente depois que a mudança tenha sido completada, e a atenção do gerenciamento tenha se voltado para outro lugar.

Em casos extremos e onde os procedimentos são relativamente simples e fáceis de aprender, cada expressão subseqüente de interesse de gerenciamento no procedimento pode ser acompanhada por um aumento na produtividade. Nesses casos, o declínio esperado na produtividade no momento em que um novo procedimento é implementado é acompanhado de um aumento na produtividade. Espera-se, entretanto, que esses aumentos desapareçam rapidamente uma vez que a atenção da gerência é desviada.

A lição do efeito Hawthorne é a de uma atenção de gerenciamento consistente e constante, avaliação de desempenho e o *feedback* das avaliações das pessoas durante o trabalho é importante.

Passo-a-passo, a execução de planos de ação corretiva também permite a avaliação do impacto de cada plano à medida que é implementado. A avaliação de impacto é uma parte integrante do aprendizado. Nunca é muito cedo para implementar processos de aprendizado.

Conclusão

A falha em novos projetos de desenvolvimento de produtos é mais freqüente do que o sucesso. Aproximadamente, uma em cada oito empresas médias é bem-sucedida. Uma em três das melhores empresas é bem-sucedida. Ser um gerente de projeto de desenvolvimento de produtos não é para aqueles que facilmente se tornam desencorajados. A falha é garantida e o sucesso é escasso. Encontrar a resistência interna para encarar longos reveses é difícil. Aqueles que podem fazê-lo de forma consistente merecem nosso respeito e admiração.

O sistema metódico e deliberado do desenvolvimento de produtos descrito nessas páginas é melhor aplicado quando for menos problemático do que significativo. Cada uma dessas ferramentas deve ser avaliada por sua adequação em uma determinada situação. A imposição cega deste sistema ou qualquer outro sistema, sem se referir a sua eficácia em um ambiente de desenvolvimento de produtos, em particular, não é um bom gerenciamento de projeto. Os gerentes de produtos ganham seus salários tendo uma grande variedade de ferramentas disponível e usando somente aquelas que são eficazes na conclusão de um trabalho. *Tempo é Lucro* tem o objetivo de adicionar ferramentas à caixa de ferramentas de gerentes de projeto de desenvolvimento de produtos. Também tem o objetivo de ajudar os bons gerentes de projetos saberem quando usar suas novas ferramentas e quando deixá-las na caixa. As ferramentas são menos importantes para o sucesso de um projeto do que o julgamento do gerente de projetos que as usa.

Os gerentes de projetos devem atender a diversos *stakeholders*[46]. Para muitos dos *stakeholders,* nosso olho clínico para detalhes nos destaca e torna nossa presença valiosa. Outros dependem de nossa habilidade para sintetizar uma profusão de detalhes em uma idéia coerente. Alguns dependem de nossa habilidade para reagir rapidamente para mudar as condições, enquanto outros nos recompensam por nossa confiabilidade não respondida e constante. Alguns dependem de nossa "cabeça fria" quando crises afluem. Outros respeitam e admiram nosso envolvimento apaixonado. Os gerentes de projetos são afortunados em exercer uma profissão que permite desenvolver cada faceta

46 *Stakeholders* representam as "partes interessadas". Um *stakeholder* é qualquer pessoa ou organização que possa influenciar ou ser influenciado por um projeto [PMBOK, 3ª Edição]. (N.T.)

de caráter e alcançar reconhecimento e recompensa por todas as boas coisas que podemos ser.

Os gerentes de projetos devem atender a diversos *stakeholders*. Os patrocinadores do projeto, membros da equipe, fornecedores e sócios e uma lista completa de outros associados fazem exigências em nosso tempo, esforço, energia, criatividade, conhecimento e experiência. Muitas vezes, essas exigências chegam ao menor tempo possível, exatamente quando estamos começando a manipular a montanha de trabalho já vencido. Poucas pessoas estão interessadas em ouvir sobre as "outras" coisas que devem ser feitas. Uma chave para o sucesso é a maneira pela qual respondemos a cada nova demanda. Um sorriso fará mais amigos que uma cara feia, e precisamos de todos os amigos que podemos fazer.

No final do dia, cada um de nós deseja voltar para casa com a sensação de que o dia foi gasto fazendo alguma coisa que vale a pena. Nossa chegada em casa é mais feliz se as coisas "saíram certas". Os *stakeholders* em casa merecem ser a pessoa feliz que nossos esforços bem-sucedidos nos dão o direito de ser.

Os gerentes de projetos devem atender a diversos *stakeholders*. Na criação de um novo produto, o gerente de projetos também cria uma outra pessoa interessada, um cliente. O cliente é a única evidência real de que a empresa está fazendo uma contribuição que justifique sua existência. A construção desses relacionamentos pode ser a recompensa que levamos para casa no final de cada dia.

Os gerentes de projetos servem muitos *stakeholders*. Cada um de nós escolhe, em algum lugar ao longo da vida, ter a responsabilidade pela obtenção de coisas feitas através de outros. Dependemos totalmente dos esforços dos membros da equipe de projeto. Usamos ferramentas, técnicas, tiradas e truques e, às vezes, quase acreditamos que nós mesmos estamos fazendo nosso próprio projeto. Somos somente gerentes. O projeto não é nosso. Ao invés disso, pertencemos ao projeto. Estamos lá somente para servir o projeto e as pessoas que fazem o trabalho real de executar as tarefas do projeto.

APÊNDICE A

Questões sobre Auditoria do Sistema de Desenvolvimento de Produtos

Questões sobre Posicionamento

A A empresa reconheceu as posições de liderança de mercado em qualquer aspecto de competição do produto? São elas:
- Características e funções?
- Qualidade?
- Preços?
- Serviços de suporte?
- Entrega e disponibilidade?
- Embalagem?
- Promoções?

B Como a empresa sabe sobre esses pontos fortes? Como eles são medidos?
- Como foi estabelecida essa posição de liderança?
- Como essa posição de liderança é mantida?

C A empresa reconheceu os pontos fracos em qualquer aspecto de competição do produto? São elas:
- Características e funções?
- Qualidade?
- Preços?
- Serviços de suporte?
- Entrega e disponibilidade?
- Embalagem?
- Promoções?

D Como a empresa sabe sobre esses pontos fracos? Como eles são medidos?
- Quais são as causas desses pontos fracos?
- Quais esforços foram feitos para superá-los?
- Quais foram os resultados?

E Como a empresa aprende sobre novos requisitos no mercado?
- Quem tem responsabilidade pela coleta destas informações?
- Como são armazenadas essas novas informações?
- Como são disseminadas as novas informações em toda a empresa?

F Como a empresa aprende sobre a satisfação e disseminação entre seus clientes?
- Quem é responsável pela coleta dessas informações?
- Como essas informações são armazenadas?
- Como são disseminadas as informações em toda a empresa?

G Como a empresa monitora as ofertas do produto do concorrente?
- Quais aspectos de produtos concorrentes são analisados?
    - Características e funções?
    - Qualidade?
    - Preços?
    - Serviços de suporte?
    - Entrega e disponibilidade?
    - Embalagem?
    - Promoções?
- Como essas informações são armazenadas?
- Como são disseminadas essas informações na organização?
- Como são usadas essas informações na formulação dos próprios produtos da empresa?

QUESTÕES SOBRE PLANEJAMENTO

A A empresa tem um processo de planejamento de desenvolvimento de produtos? É documentado?
- Quando o processo foi escrito e aprovado?
- Ele inclui provisões para modificar o processo?
- Quando ele foi modificado pela última vez?

- Quantas vezes ele foi modificado?
- Quem pode propor mudanças para o processo?
- Como são aprovadas as mudanças?

B Quais eventos desencadeiam um processo de planejamento de desenvolvimento?

- Como são esses eventos organizados? Por quem?
- Quem tem a autoridade para autorizar um processo de planejamento de produtos?

C Quem é responsável por iniciar um processo de planejamento de produtos?

- Que unidades organizacionais são representadas no processo de planejamento?
- Como são selecionados os representantes?

D Como o processo de planejamento trata de coisas desconhecidas e incertezas?

- As coisas desconhecidas e incertezas são identificadas e numeradas?
- As tarefas são definidas para resolver coisas desconhecidas e incertezas?

E Como são definidas as tarefas? Por quem?

- As tarefas têm entregáveis específicos e mensuráveis?
- As tarefas são avaliadas quanto à relevância para o projeto?

F Como são definidas as pendências? Por quem?

- As restrições técnicas são consideradas?
- As restrições de recursos são consideradas?

G Como são definidos os conjuntos de qualificações necessários para as tarefas dos projetos? Por quem?

- As restrições técnicas de qualificações são consideradas?
- A colaboração e qualificações da equipe de trabalho são consideradas?

H Como são estimados os custos e duração das tarefas? Por quem?

- As estimativas que garantem a melhor, pior e casos mais prováveis são gerados?
- Como são as estimativas de tarefas integradas nas estimativas total do projeto?

I Como são programadas as tarefas? Por quem?

- Que critérios são usados na determinação da seqüência de tarefas?

- Que critérios são usados para determinar o tempo apropriado para iniciar as tarefas?

J Como é desenvolvido o orçamento de um projeto?
- Qual é o processo para obtenção da aprovação de um orçamento de despesas?
- Qual é o processo para obtenção da aprovação de um orçamento de capital?
- Qual é o processo para recrutamento ou designação dos membros de uma equipe de desenvolvimento?
- Quem designa os membros da equipe? Qual é o risco deles no sucesso de projetos de desenvolvimento?
- Pessoas são designadas para equipes de desenvolvimento de produtos de tempo integral ou meio período?
- Como o desempenho da equipe de desenvolvimento de produtos é incorporado nas avaliações de desempenho individual?
- Como o trabalho é distribuído entre os membros da equipe? Por quem?

QUESTÕES SOBRE PARCERIA

A A empresa tem um processo para identificar a diferença de produtos que podem ser conseguidos através de parcerias?
- Como os novos produtos são integrados nesse processo?
- Quando o processo foi escrito e aprovado?
- Ele inclui provisões para modificar o processo?
- Quando ele foi modificado pela última vez?
- Quantas vezes ele foi modificado?
- Quem pode propor mudanças para o processo?
- Como são aprovadas as mudanças?

B A empresa tem um processo de terceirização? É documentado?
- Quando o processo foi escrito e aprovado?
- Ele inclui provisões para modificar o processo?
- Quando ele foi modificado pela última vez?
- Quantas vezes ele foi modificado?
- Quem pode propor mudanças para o processo?
- Como são aprovadas as mudanças?

C Os papéis e responsabilidades são claramente definidas para os sócios da terceirização?

- Os requisitos de investimento são especificados? Quem investe no quê?
- As circunstâncias sob as quais os investimentos podem mudar são especificadas?
- Os recursos de tecnologia são especificados? Quem fornece o quê?

D Os recursos pessoais são especificados?
- Como são alinhadas as responsabilidades e autoridade?
- Como a responsabilidade final é medida?
- Como a responsabilidade final é executada?

E Os compromissos de tempo são claramente especificados?
- As reuniões, apresentações e trabalho de campo são especificados?
- Os prazos finais são claramente especificados?
- Como a responsabilidade final é medida?
- Como a responsabilidade final é executada?

F Os limites de mercado, geográficos e de escala são especificados para os relacionamentos de parceria?
- Como são alinhadas as responsabilidades e autoridade?
- Como a responsabilidade final é medida?
- Como a responsabilidade final é executada?

G Os métodos alternativos de solução de disputas, litígios inesperados são especificados?

H Os termos e condições para a dissolução da parceria são especificados?

Questões sobre Produção

A A empresa tem um processo para identificar a diferença de produtos que podem ser conseguidos através de suas competências de desenvolvimento?
- Como os novos produtos são integrados nesse processo?
- Quando o processo foi escrito e aprovado?
- Ele inclui provisões para modificar o processo?
- Quando ele foi modificado pela última vez?
- Quantas vezes ele foi modificado?
- Quem pode propôr mudanças para o processo?
- Como são aprovadas as mudanças?

B Há um processo para integração das questões de produção no desenvolvimento de novos produtos?

- Quando o processo foi escrito e aprovado?
- Ele inclui provisões para modificar o processo?
- Quando ele foi modificado pela última vez?
- Quantas vezes ele foi modificado?
- Quem pode propôr mudanças para o processo?
- Como são aprovadas as mudanças?

C Há um processo para integração dos requisitos do cliente no desenvolvimento de novos produtos?

- Quando o processo foi escrito e aprovado?
- Ele inclui provisões para modificar o processo?
- Quando ele foi modificado pela última vez?
- Quantas vezes ele foi modificado?
- Quem pode propôr mudanças para o processo?
- Como são aprovadas as mudanças?

D Há um processo para integração da parceria no desenvolvimento de novos produtos?

- Quando o processo foi escrito e aprovado?
- Ele inclui provisões para modificar o processo?
- Quando ele foi modificado pela última vez?
- Quantas vezes ele foi modificado?
- Quem pode propor mudanças para o processo?
- Como são aprovadas as mudanças?

E As decisões de desenvolvimento de produtos são tomadas por equipes integradas do projeto?

- Há quanto tempo as equipes têm sido usados pela empresa?
- Que treinamento foi fornecido na época em que as equipes foram adotados?
- Como os novos funcionários são integrados nas equipes? Que treinamento é dado a elas?

F Os projetos de desenvolvimento de produtos são estruturados em um estágio, fase e metodologia de desenvolvimento escalonado?

- As reuniões de revisão de passagem são conduzidas na conclusão de cada fase do projeto?
- Quem convoca e preside as reuniões de revisão de passagem?
- Quem tem autoridade para alocar recursos para as fases do projeto de desenvolvimento de produtos?

- As revisões de passagem, às vezes, resultam em término do projeto? Com que freqüência?

G Quantos projetos foram iniciados nos últimos doze meses?

H Quantos novos produtos foram lançados nos últimos doze meses?

I Quantos produtos antigos foram retirados nos últimos doze meses?

Questões sobre Processamento

A Há um processo para compra de peças e componentes para produtos?
- Como os novos produtos são integrados nesse processo?
- Quando o processo foi escrito e aprovado?
- Ele inclui provisões para modificar o processo?
- Quando ele foi modificado pela última vez?
- Quantas vezes ele foi modificado?
- Quem pode propôr mudanças para o processo?
- Como são aprovadas as mudanças?

B Há um processo para programação da fabricação de novos produtos?
- Como os novos produtos são integrados nesse processo?
- Quando o processo foi escrito e aprovado?
- Ele inclui provisões para modificar o processo?
- Quando ele foi modificado pela última vez?
- Quantas vezes ele foi modificado?
- Quem pode propôr mudanças para o processo?
- Como são aprovadas as mudanças?

C Há um processo para controle de estoques?
- Como os novos produtos são integrados nesse processo?
- Quando o processo foi escrito e aprovado?
- Ele inclui provisões para modificar o processo?
- Quando ele foi modificado pela última vez?
- Quantas vezes ele foi modificado?
- Quem pode propôr mudanças para o processo?
- Como são aprovadas as mudanças?

D Há um sistema de processamento de pedidos?
- Como os novos produtos são integrados nesse processo?
- Quando o processo foi escrito e aprovado?

- Ele inclui provisões para modificar o processo?
- Quando ele foi modificado pela última vez?
- Quantas vezes ele foi modificado?
- Quem pode propôr mudanças para o processo?
- Como são aprovadas as mudanças?

E Há um processo para entrega de novos produtos a clientes ou canais de distribuição?
- Como os novos produtos são integrados nesse processo?
- Quando o processo foi escrito e aprovado?
- Ele inclui provisões para modificar o processo?
- Quando ele foi modificado pela última vez?
- Quantas vezes ele foi modificado?
- Quem pode propôr mudanças para o processo?
- Como são aprovadas as mudanças?

F Há um sistema para gerar faturas e extratos?
- Como os novos produtos são integrados nesse processo?
- Quando o processo foi escrito e aprovado?
- Ele inclui provisões para modificar o processo?
- Quando ele foi modificado pela última vez?
- Quantas vezes ele foi modificado?
- Quem pode propôr mudanças para o processo?
- Como são aprovadas as mudanças?

G Há um sistema para cobrança de contas a receber vencidas?
- Como os novos produtos são integrados nesse processo?
- Quando o processo foi escrito e aprovado?
- Ele inclui provisões para modificar o processo?
- Quando ele foi modificado pela última vez?
- Quantas vezes ele foi modificado?
- Quem pode propôr mudanças para o processo?
- Como são aprovadas as mudanças?

Questões sobre Acondicionamento

A A empresa tem um processo para identificar a diferença de produtos que podem ser conseguidos através de embalagem?
- Como os novos produtos são integrados nesse processo?
- Quando o processo foi escrito e aprovado?
- Ele inclui provisões para modificar o processo?

- Quando ele foi modificado pela última vez?
- Quantas vezes ele foi modificado?
- Quem pode propôr mudanças para o processo?
- Como são aprovadas as mudanças?

B Há um processo para integração de novos produtos com os produtos de parceiros?

- Como os novos produtos são integrados nesse processo?
- Quando o processo foi escrito e aprovado?
- Ele inclui provisões para modificar o processo?
- Quando ele foi modificado pela última vez?
- Quantas vezes ele foi modificado?
- Quem pode propôr mudanças para o processo?
- Como são aprovadas as mudanças?

C Há um processo para identificar novos requisitos de produtos que devem ser refletidos na embalagem dos produtos?

- Quando o processo foi escrito e aprovado?
- Ele inclui provisões para modificar o processo?
- Quando ele foi modificado pela última vez?
- Quantas vezes ele foi modificado?
- Quem pode propôr mudanças para o processo?
- Como são aprovadas as mudanças?

D Há um processo para identificar novas características de produtos que devem ser refletidos na embalagem dos produtos?

- Quando o processo foi escrito e aprovado?
- Ele inclui provisões para modificar o processo?
- Quando ele foi modificado pela última vez?
- Quantas vezes ele foi modificado?
- Quem pode propôr mudanças para o processo?
- Como são aprovadas as mudanças?

E Há um processo para coordenação da embalagem de produtos com a promoção dos produtos?

- Quando o processo foi escrito e aprovado?
- Ele inclui provisões para modificar o processo?
- Quando ele foi modificado pela última vez?
- Quantas vezes ele foi modificado?
- Quem pode propôr mudanças para o processo?
- Como são aprovadas as mudanças?

Questões sobre Fixação de Preços

A A empresa tem um processo de fixação de preços? É documentado?
- Quando o processo foi escrito e aprovado?
- Ele inclui provisões para modificar o processo?
- Quando ele foi modificado pela última vez?
- Quantas vezes ele foi modificado?
- Quem pode propôr mudanças para o processo?
- Como são aprovadas as mudanças?

B Que informações são necessárias para formular as decisões de preços?
- Como são coletadas essas informações?
- Como são armazenadas essas informações?
- Como são disseminadas essas informações na organização?

C Como os canais de distribuição são integrados no processo de fixação de preços?
- Os canais de distribuição são fontes de informação?
- Os canais de distribuição participam do risco de fixação de preços?

D Como os custos de desenvolvimento e produção são integrados no processo de fixação de preços?
- Como as suposições de volume são desenvolvidas e integradas no processo de fixação de preços?
- Como o efeito de custo da curva de aprendizado é integrado no processo de fixação de preços?
- Como os custos de etapa-função são integrados no processo de fixação de preços?

E Como a segmentação de mercado é integrada no processo de fixação de preços?
- Como a embalagem suporta as estratégias segmentadas de fixação de preços?
- Como a distribuição suporta as estratégias de fixação de preços?
- Como o posicionamento suporta as estratégias segmentadas de fixação de preços?
- Como o enfardamento suporta as estratégias de fixação de preços?
- Como as promoções suportam as estratégias de fixação de preços?

F Como é o objetivo estratégico implementado no processo de fixação de preços?

G Como as estratégias corporativas são implementadas através do processo de fixação de preços?

H Como as considerações legais e regulatórias são implementadas no processo de fixação de preços?

Questões sobre Promoção

A A empresa tem um processo para identificar a diferença de produtos que podem ser conseguidos através de promoção?
- Como os novos produtos são integrados nesse processo?
- Quando o processo foi escrito e aprovado?
- Ele inclui provisões para modificar o processo?
- Quando ele foi modificado pela última vez?
- Quantas vezes ele foi modificado?
- Quem pode propôr mudanças para o processo?
- Como são aprovadas as mudanças?

B A empresa reconheceu as posições de liderança de mercado em qualquer aspecto de competição do produto? Elas são:
- Características e funções?
- Qualidade?
- Preços?
- Serviços de suporte?
- Entrega e disponibilidade?
- Embalagem?
- Promoções?

C Como a empresa sabe sobre esses pontos fortes? Como eles são medidos?
- Como foi estabelecida essa posição de liderança?
- Como são mantidas essas posições de liderança?
- Como são exploradas essas posições de liderança na promoção de produtos?

D Como a empresa controla as ofertas promocionais do concorrente?
- Quais aspectos de promoções concorrentes são analisados?
  - Conteúdo?
  - Mídia?
  - Freqüência?
  - Enfardamento e afinidade?
  - Fixação de preços, descontos, e ofertas especiais?

- Como são armazenadas essas informações?
- Como são disseminadas essas informações na organização?
- Como são usadas essas informações na formulação dos próprios produtos da empresa?

Questões sobre Colocação

A A empresa tem um processo para identificar a diferença de produtos que podem ser conseguidos através de distribuição?
- Como os novos produtos são integrados nesse processo?
- Quando o processo foi escrito e aprovado?
- Ele inclui provisões para modificar o processo?
- Quando ele foi modificado pela última vez?
- Quantas vezes ele foi modificado?
- Quem pode propôr mudanças para o processo?
- Como são aprovadas as mudanças?

B A empresa tem relacionamentos de distribuição favoráveis?
- Como a empresa sabe sobre esses pontos fortes? Como eles são medidos?
- Como foram estabelecidos esses relacionamentos?
- Como são mantidos esses relacionamentos?

C Há um processo para introdução de novos produtos para canais de distribuição?
- Quando o processo foi escrito e aprovado?
- Ele inclui provisões para modificar o processo?
- Quando ele foi modificado pela última vez?
- Quantas vezes ele foi modificado?
- Quem pode propôr mudanças para o processo?
- Como são aprovadas as mudanças?

Questões sobre Aceitação

A A empresa tem um processo para identificar a diferença de produtos que pode ser conseguido através de serviço de atendimento ao cliente?

B Como os novos produtos são integrados nesse processo?
- Quando o processo foi escrito e aprovado?
- Ele inclui provisões para modificar o processo?

- Quando ele foi modificado pela última vez?
- Quantas vezes ele foi modificado?
- Quem pode propôr mudanças para o processo?
- Como são aprovadas as mudanças?

C A empresa possui uma reputação de serviço de atendimento ao cliente favorável?

- Como a empresa sabe sobre esses pontos fortes? Como eles são medidos?
- Como foi estabelecida essa reputação?
- Como é mantida essa reputação?
- Como as informações sobre o serviço de atendimento ao cliente são disseminadas em toda a organização?

D Há um processo para fornecer serviço de atendimento ao cliente?

- Como os novos produtos são integrados nesse processo?
- Quando o processo foi escrito e aprovado?
- Ele inclui provisões para modificar o processo?
- Quando ele foi modificado pela última vez?
- Quantas vezes ele foi modificado?
- Quem pode propôr mudanças para o processo?
- Como são aprovadas as mudanças?

APÊNDICE B

Fontes de Informações sobre as Melhores Práticas

Livros

BESS, James L. *Creative R&D Leadership: Insights from Japan.* Quorum Books, 1995.

BOGAN, Christopher E. and ENGLISH, Michael J. *Benchmarking for Best Practices: Winning Through Innovative Adaptation.* McGraw-Hill, 1994.

BROWN, Stanley A. (Editor) *Breakthrough Customer Service: Best Practices of Leaders in Customer Support.* Jonh Wiley & Sons, 1998.

BUNDY, Wayne M. *The Art of Dscovery: Fueling Innovation for Company Growth (Best Managment Practices).* Grisp Publications, 1997.

CAMP, Robert C. *Benchmarking: The Search for Industry Best Pratices That Lead to Superior Performance.* American Society for Quality, 1989.

CAMP, Robert C. (Editor) *Global Cases in Benchmarking: Best Practices from Orzanizations Around the Word.* American Society for Quality, 1998.

CLARK, Kim B. and WHEELWRIGHT, Steven C. (Editors) *The Product Development Challenge Competing Through*

Speed, Quality and Creativity. Harvard Business School Press, 1995.

COHAN, Peter S. *The Technology Leaders: How America's Most Profitable Companies Innovate Their Way to Success*. Jossey-Bass Publishers, 1997.

CORTADA, James W. *Best Pratices in Information Technolody: How Corporations Get the Most Value from Exploiting Their Digital Investments*. Prentice Hall Press, 1997.

DIMANCESCU, Dan and DWENGER, Kemp. *Worl-Class New Product Development: Benchmarking Best Pratices of Agile Manufactures*. AMACOM, 1995.

GEROSKI, Paul. *Market Structure, Corporate Performance and Innovative Activity*. Clarendon Press, 1995.

GOLOVIN, Jonathan J. *Achieving Stretch Goals: Best Practices im Manufacturing for the New Millennium*. Prentice Hall Press, 1997.

HERBIG, Paul A. *Innovation Japanese Style: A Cultural and Historical Perspective*. Quorum Books, 1995.

HIEBELER, Robert, KETTERMAN, Charles and KELLY, Thomas B. *Best Practices: Building Your Business With Customer-Focused Solutions*. Simon & Schuster, 1998.

KIM, Linsu. *Imitation to innovation: The Dynamics of Korea's Technological Learning*. Harvard Business School Press, 1997.

KODAMA, Fumio. *Emerging Patterns of Innovation: Sources of Japan's Technological Edge*. Harvard Business School Press, 1995.

LEVIEN, Roger E. Ph.D. *Talking Technology to Market: Six Stages to Success (Best Management Practices)*. Crisp Publications, 1997.

MERRIIL, Peter. *Do It Right the Second Time: Benchmarking Best Practices in the Quality Change Process*. Productivity Press, 1997.

OBLOG, Krzystof, CUSHMAN, Donald P. and KOMINKI, Andrzej K. *Winning: Continuous Improvement Theory in High-Performance Organizations*. StateUniversity of New York Press, 1995.

ROSENAU, Milton D. Jr., GRIFFIN, Abbie, CASTELLION, George and ANSCHETZ, Ned. (Editors) *The PDMA Handbook of New Product Development*. John Wiley & Sons, 1996.

SHELDON, Sidney. *The Best Laid Plans*. Warner Books, 1998.

SIMON, Hermann. *Hidden Champions: Lessons from 500 of the Word's Best Unknown Companies*. Harvard Business School Press, 1996.

STOWELL, Danile M. *Sales, Marketing and Continuous Improvement: Six Best Practices to Achieve Revenue Growth and Increase Customer Loyalty*. Jossey-Bass Publishers, 1997.

TEDLOW, Richard S. *New and Improved: The Story of Marketing in America*. Harvard Business School Press, 1996.

THOMAS, Robert J. *New Product Success Stories: Lessons Leading Innovators*. John Wiley & Sons, 1994.

TONEY, Frank, POWERS, Ray. *Project Management Institute, Best Practices of Project Management Groups in Large Functional Organizations*. Project Management Institute Publications, 1997.

WILD, Tony. *Best Practice in Inventory Management*. John Wiley & Sons, 1998.

WIND, Jerry Yoram and MAIN, Jeremy. *Driving Change: How the Best Companies are Preparing for the 21 st Century*. Free Press, 1998.

WEB SITES

Arthur Andersen – Global Best Practice Forum
http://www.arthurandersen.com/bus_info/services/gbp/sharing.htm
Arthur Andersen – Global Best Practices
http://www.arthurandersen.com/bus_info/services/gbp/index.htm
Australian Department of Industrial Relations
http://www.nla.gov.au/dir/
Best-Pratice Videos from Harvard University
http://rosy.harvard.edu/Web/hbsshow/hbsmpg/mpgbest/mpgbest.htm
Best Manufacturing Practices – Center of Excellence
http://www.bmpcoe.org/
BPR Online Learning Center
http://www.prosci.com/study97.htm
Dun & Bradstreet Information Services
http://www.dbisna.com/
Electonic Mall Bondensee
http://www.bondan.net/index.html
HyperMedia Corp.
http://cedar.hypermedia.com/best_practices/best_practices.html
Institute for Information Management/ University of St. Gallen
http://www-iwi.unisg.ch/iwi2/cc/bm/index.html
Office of American Workplace – U. S. Departament of Labor
http://www.fed.org/fed/uscompanies/labor/
The Benchmarking Exchange
http://www.benchnet.com/
The Innovation Network
http://innovate.si.edu/
TSW International
http://www.tswi.com/jahnig.html

BIBLIOGRAFIA

BRADLEY, Stephen P. and NOLAN, Richard L., *Sense & Respond: Capturing Value in the Network Era*, Harvard Business School Press, Boston, 1998.

BRANDENBURGER, Adam O. & NALEBUFF, Barry, *Co-Opetition: 1. A Revolutionary Mindset That Redefines Competition and Cooperation; 2. the Game Theory Strategy That's Changing the Game of Business*, Doubleday, New York, 1997.

CHRISTENSEN, Clayton O., *The Innovator's Dilemma: When New Technologies Cause Great Firms to Fail*, Harvard Business School Press, Boston, 1997.

CINTRON, Ivan, 1992, *Chemical and Marketing Reporter*, March 29, V243, N13, P9.

CONLON, John K. & GIOVAGNOLI, Melissa, *The Power of Two: How Companies of All Sizes Can Build Alliance Networks That Generate Business Opportunities*, Jossey-Bass Publishers, San Francisco, 1998.

COOPER, Robert G., *Winning at New Products: Accelerating the Process from Idea to Launch*, Addison-Wesley Publishing Company, Reading, Mass, 1993.

COOPER, Robert G., *Product Leadership: Creating and Launching Superior New Products*, Perseus Books, Reading, Mass, 1998.

CUSHMAN, Robert F., HEDEMANN, G. C., and TUCKER, A. S., Ed. *Alternative Dispute Resolution in the Construction Industry*, John Wiley & Sons, New York, 1991.

DAVENPORT, Thomas H. & PRUSAK, Laurence, *Working Knowledge: How Organizations Manage What They Know*, Harvard Business School Press, Boston, 1998.

DAVIDOW, William H. and UTTAL, Bro, *Total Customer Service: The Ultimate Weapon*, Harper & Row, New York, 1989.

DAVIDOW, William H. & MALONE, Michael S., *The Virtual Corporation: Structuring and Revitalizing the Corporation for the 21st. Century*, Harper Business, New York,1992.

DEEPROSE, Donna. *The Team Coach: Vital New Skills for Supervisors & Managers in a Team Environment*, AMACOM Books, New York, 1995.

FINE, Charles, H. *Clockspeed: Winning Industry Control in the Age of Temporary Advantage*, Perseus Books, Reading, Massachusetts, 1998.

FLEMING, Quentin W. and KOPPELMAN, Joel O. *Earned Value Project Management, Project Management Institute*, Upper Darby, Pennsylvania, 1996.

FLEMING, Quentin W. & FLEMING, Quentin J. *Subcontract Planning and Organization*, Probus Publishing Company, Chicago, 1993.

KEVIN, Ph.D., Florida Game and Fresh Water Fish Commission, American Alligator and Living with Alligators Forsberg, Hal Mooz and Howard Cotterman, *Visualizing Project Management*, John Wiley & Sons, Inc., New York, 1996.

FRAME, J. Davidson, *Managing Projects in Organizations: How to Make the Best Use of Time, Techniques, and People*, Jossey-Bass Publishers, San Francisco, 1995.

FROMM, Bill and SCHLESINGER, Len, *The Real Heroes of Business*, Currency Doubleday, New York, 1993.

GENTILE, Mary C. (Editor), *Differences That Work: Organizational Excellence through Diversity*, Harvard Business School Press, Boston.

GOLDMAN, Steven L., NAGEL, Roger N. & PREISS, Kenn, *Agile Competitors and the Virtual Organization: Strategies for Enriching the Customer*, Van Nostrand Reinhold, New York, 1995.

GOERNE, Carrie, *Marketing News*, March 30, 1992 26, 7: 8.

GOODMAN, Paul S., SPROULL, Lee S. & Associates, *Technology and Organizations*, Jossey-Bass Publishers, San Francisco, 1990.

GRAHAM, Robert J. and ENGLUND, Randall L. *Creating an Environment for Successful Projects: The Quest to Manage Project Management*, Jossey-Bass Publishers, San Francisco, 1997.

HAMEL, Gary and PRAHALAD, C. K. "*Strategic Intent*," Harvard Business Review, March, V67, N3, 63-76, 1989.

HAMEL, Gary and PRAHALAD, C. K. *Competing for the Future*, Harvard Business School Press, Boston, 1994.

HAMMER, Michael & CHAMPY, James, *Reengineering the Corporation: A Manifesto for Business Revolution*, Harper Business, New York, 1993.

HANDY, Charles, *Understanding Organizations: How Understanding the Ways Organizations Actually Work Can Be Used to Manage Them Better*, Oxford University Press, New York, 1993.

HARDY, Robert E. & SCHWARTZ, Randy, *The Self-Defeating Organization: How Smart Companies Can Stop Outsmarting Themselves*, Addison Wesley Publishing, Reading, Massachusetts, 1996.

HARGROVE, Robert, *Mastering the Art of Collaboration*, McGraw Hill, New York, 1998.

HARRIS, Alan E., SINK, C. O. & WULFF, R. W. ed., 1994, *ADR: A Practical Guide to Resolve Construction Disputes – Alternative Dispute Resolution in the Construction Field, Dubuque, Iowa, Kendall/Hunt Publishing Company. Hearings before the Subcommittee on Commerce,*

Science, and Transportation, U. S. Senate, July 11 and 12, 1979, pp. 74, 76.

HIAM, Alexander. *Closing the Quality Gap: Lessons from America's Leading Companies,* Prentice Hall, Englewood Cliffs, New Jersey, 1992.

HUMPHREY, Watts S. *Managing for Innovation: Leading Technical People, Prentice-Hall,* Englewood Cliffs, New Jersey, 1987.

HURLEY, Robert F. and HULT, G. Tomas O. 1998, *"Innovation, Market Orientation, and Organizational Learning: An Integration and Empirical Examination,"* Journal of Marketing, July, V62, N3, P42-55.

HURST, David K. *Crisis & Renewal: Meeting the Challenge of Organizational Change,* Harvard Business School Press, Boston, 1995.

IANSITI, Marco, *Technology Integration: Making Critical Choices in a Dynamic World,* Harvard Business School Press, Boston, 1998.

JOLLY, Vijay K. *Commercializing New Technologies: Getting from Mind to Market,* Harvard Business School Press, Boston, 1998.

KIDDER, Tracy, *The Soul of a New Machine,* Little Brown and Company, Inc., New York, 1981.

KILMANN, Ralph H., COVIN, Teresa Joyce & Associates,*Corporate Transformation: Revitalizing Organizations for a Competitive World,* Jossey- Bass Publishers, San Francisco, 1998.

LEONARD, Dorothy, *Wellsprings of Knowledge: Building and Sustaining the Sources of Innovation,* Harvard Business School Press, Boston, 1995.

MARQUARDT, Michael & REYNOLDS, Angus. *The Global Learning Organization: Gaining Competitive Advantage through Continuous Learning,* Irwin Professional Publishers, Burr Ridge, Illinois, 1994.

MASLOW, Abraham Harold. *Motivation and Personality*, Third Edition, Addison-Wesley Publishing Company, Reading, Massachusetts, 1987.

MATHESON, David & MATHESON, Jim, *The Smart Organization: Creating Value Through Strategic R&D*, Harvard Business School Press, Boston, 1997.

MEREDITH, Jack R. & MANTEL, Jr., Samuel J. *Project Management: A Managerial Approach*, Third Edition, John Wiley & Sons, Inc., New York, 1995.

MITKA, Mike, *American Medical News*, April 13, 1992, 35, 14: 23.

MOORE, Geoffrey A., *Crossing the Chasm: Marketing and Selling High-Tech Products to Mainstream Customers*, Harper Business, New York, 1989.

MOORE, Geoffrey A. *Inside the Tornado: Marketing Strategies from Silicon Valley's Cutting Edge*, Harper Business, New York, 1995.

MORGAN, Gareth. *Images of Organizations, Sage Publications*, Newbury Park, California, 1986.

National Transportation Safety Board, Aircraft Accident Report, December 21, 1979, p. 56.

NAYAK, P. Ranganath & KETTERINGHAM, John O. *Breakthroughs: How Leadership and Drive Create Commercial Innovations That Sweep the World*, Pfeiffer & Company, Amsterdam, 1994.

OSHRY, Barry. *Seeing Systems: Unlocking the Mysteries of Organizational Life*, Berrett-Koehler Publishers, San Francisco, 1995.

PAGE, Curtis W. & SELDEN, Charles J. *Asking "Just Right" Business Questions: A Proven Process for Developing Leaders & Organizations*, Revised Edition, The Graham Page, Oxnard, California, 1994.

PEARCE, John A. II, & ROBINSON, Jr., Richard B. *Formulation, Implementation, and Control of Competitive Strategy*, Richard D. Irwin, Inc. Burr Ridge, Illinois, 1994.

PETER, J. Paul & DONNELLY, Jr. James H. *A Preface to Marketing Management*, 6th Ed., Irwin, Burr Ridge, Illinois, 1994.

PRITCHETT, Lou, *Stop Paddling & Start Rocking the Boat: Business Lessons from the School of Hard Knocks*, Harper Business, New York, 1995.

Project Management Institute, Standards Committee, 1996, *A Guide to the Project Management Body of Knowledge*, Project Management Institute, Newton Square, Pa.

PORTER, Michael E. *Competitive Strategy: Techniques for Analyzing Industries and Competitors*, Free Press, New York, 1980.

ROTHELSBERGER, F. J. *Management and Morale*, Harvard University Press, Cambridge, Massachusetts, 1941.

RUDMAN, Carol, Ph.D. *Frames of Reference: How Men and Women Can Overcome Communication Barriers and Increase Their Effectiveness at Work*, Peterson's Pacesetter Books, Princeton, New Jersey, 1996.

SHERMAN, Howard & SCHULTZ, Ron, *Open Boundaries: Creating Business Innovation Through Complexity*, Perseus Books, Reading, Massachusetts, 1998.

STACEY, Ralph D., *Managing the Unknowable: Strategic Boundaries Between Order and Chaos in Organizations*, Jossey-Bass Publishers, San Francisco, 1992.

STACEY, Ralph D., *Complexity and Creativity in Organizations*, Berrett-Koehler Publishers, San Francisco, 1996.

STALK, George Jr. & HOUT, Thomas O. *Competing Against Time: How Time-Based Competition is Reshaping Global Markets*, Free Press, New York, 1990.

SENGE, Peter O. *The Fifth Discipline: The Art & Practice of The Learning Organization*, Doubleday Currency, New York, 1990.

Technical Assistance Research Programs, 1981, *Measuring the Grapevine*, Consumer Response and Word of Mouth, Coca-Cola USA, Atlanta.

GA. UTTERBACK, James O. *Mastering the Dynamics of Innovation*, Harvard Business School Press, Boston, 1996.

VON BRAUN, Christoph-Friedrich, 1990, "*The Acceleration Trap*," Sloan Management Review, 32, 1: 49-58.

VON HIPPLE, Eric. *The Sources of Innovation*, Oxford University Press, New York, 1988.

WILLIAMS, Paul B. *Getting Projects Done On Time: Managing People, Time, and Results*, AMACOM, New York, 1996.

ZENGER, John H., MUSSELWHITE, Ed, HURSON, Kathleen, & PERRIN, Craig. *Leading Teams: Mastering the New Role, Irwin, Burr Ridge, Illinois*, 1994.

ÍNDICE REMISSIVO

DA MESMA COLEÇÃO

A magia do marketing pessoal

Edmundo Vieira Cortez

Este livro pretende contribuir com as pessoas que buscam os caminhos do autoconhecimento e da reflexão sobre a vida do ponto de vista dos valores humanos. O autor trabalha as diferenças fundamentais entre as pessoas, oferecendo oportunidades para a melhoria dos relacionamentos sociais e profissionais nos mais diversos aspectos. Escrito em forma de diálogo, proporciona uma leitura fluente e de fácil compreensão, como se autor e leitor estivessem num agradável bate-papo.

Descubra *A magia do marketing pessoal* e surpreenda-se com as novas possibilidades de interpretar a vida de forma mais positiva e feliz.

Negócios em bolsas de valores

Prof. Valdir Lameira

Neste livro, o Prof. Valdir Lameira e seus ilustres autores/colaboradores apresentam as técnicas para a avaliação do mercado de capitais e suas alternativas de investimentos.

Revelam em linguagem acessível os pontos que o investidor deve considerar ao aplicar em títulos e valores mobiliários, convidando-o a conhecer os mecanismos de funcionamento, bem como os eventuais riscos com que se pode deparar quando se decide atuar no mercado de capitais.

As Bolsas de Valores e o mercado de capitais em geral oferecem ao cidadão a oportunidade de participação ativa no processo de desenvolvimento das empresas e da economia. Será, no entanto, o conhecimento desse universo o seu maior aliado no controle e administração dos seus investimentos para gerar os melhores resultados.

Walter Lee Ness, Jr.
Instituto de Administração e Gerência - PUC- Rio

Saiba mais para gastar menos

Elaine Toledo

Se você está sempre reclamando que gasta mais do que ganha, se sua conta bancária está sempre negativa, fique atento, pois você precisa aprender o que é inteligência financeira. Ela é capacidade de diminuir gastos e multiplicar recursos financeiros e consiste em multiplicar antes de gastar. Saiba mais para gastar menos explica que problemas financeiros são resolvidos com inteligência, e não com dinheiro.